NUNCA TE
RINDAS

ALEJANDRO ROSAS
FRANCISCO JAVIER GONZÁLEZ

NUNCA TE RINDAS

LA TREPIDANTE CARRERA DE
CHECO PÉREZ

Planeta

ÍNDICE

PRÓLOGO

UNA HISTORIA DE ÉXITO

La tarde del domingo 6 de diciembre de 2020 me reuní con mis hijos, Santiago y Natalia, para celebrar mi cumpleaños. Mis chamacos son bastante relajados y notaron que estaba particularmente contento. Algo extrañada, Natalia me preguntó la razón y le respondí: «Checo Pérez ganó su primer Gran Premio en la Fórmula 1, la carrera estuvo buenísima, subió al podio, ondeó nuestra bandera, tocaron el himno nacional y se me salieron las lágrimas». Se quedaron sorprendidos por lo de las lágrimas. Luego de mi resumen ejecutivo guardé silencio, me quedé pensativo y agregué: «De hecho, este año Checo Pérez me ha dado más alegrías que ustedes».

Me miraron unos instantes y luego soltaron la carcajada. Me conocen, así que no hubo dramas, reímos los tres. Pero era cierto, en un año de pandemia y confinamiento lo mejor que pudimos hacer los tres fue sobrevivir, no hubo lugar para más. Ese domingo nadie me pudo quitar el buen ánimo, ni siquiera porque al otro día era #Lunesmaldito.

«No estoy llorando, es que se me metió un Racing Point en el ojo», recuerdo que tuiteé cuando Checo Pérez cruzó la meta en el Gran Premio de Sakhir. Era algo que los aficionados en México habíamos esperado desde hacía tiempo, pero ciertamente solo en la temporada 2020 se antojaba posible, ya que a diferencia de campañas anteriores su auto, el RP20, era lo suficientemente competitivo como para tener posibilidades reales si su talento y las circunstancias se alineaban a su favor.

Siempre he considerado que por una extraña razón los finales felices simples y llanos no gustan a los mexicanos. Si no hay drama, sufrimiento o suspenso de por medio, resultan insípidos. Quizá porque al menos en el deporte los triunfos llegan a cuentagotas y en no pocas ocasiones aparece el fantasma de «el último minuto también tiene 60 segundos», en los cuales todo puede arruinarse.

No imagino a los aficionados a la Fórmula 1 (F1) en Gran Bretaña sufriendo cuando corre Lewis Hamilton. En México es diferente, siempre hay sufrimiento, siempre pensamos que algo malo puede pasar, una llanta, el motor, un alcance, y el triunfo de Checo Pérez en Sakhir no fue la excepción. No solo por todo lo que había ocurrido en la temporada 2020 para el piloto mexicano —de lo cual damos cuenta en la presente obra—, sino porque la misma carrera que ganó comenzó en el peor escenario, de una forma desastrosa.

Comencé a seguir la F1 desde los años noventa, cuando Imevisión transmitía las carreras diferidas y la televisión de paga estaba en pañales; pude asistir a algún Gran Premio de México entre el 89 y el 92, y aún recuerdo la muerte de Senna, que me tocó ver por televisión aquel fatídico 1° de mayo de 1994. Desde entonces soy un asiduo seguidor y ahora, con la posibilidad de seguir las carreras en directo, con la mercadotecnia y a través de las redes sociales es más entretenido y apasionante. No importa si son a las tres de la mañana, como cuando corren en Asia, o a las siete de la mañana, como cuando corren en Europa, ahí estoy presente, sin falta.

He visto grandes carreras, temporadas emocionantes y otras bastante aburridas; vi coronarse a Michael Schumacher, Kimi Räikkönen, Fernando Alonso, Sebastian Vettel, Nico Rosberg, Lewis Hamilton, pero nada es comparable como ver correr a un mexicano en la Fórmula 1. Por eso la presencia de Checo Pérez en la máxima categoría me ha hecho disfrutar de un modo diferente los grandes premios.

A pesar de todos los sobresaltos, la temporada 2020 tuvo un final feliz para Sergio y por lo tanto para los aficionados a la F1 que lo hemos seguido desde que debutó en 2011, pero jamás imaginé que unos meses después me sentaría a escribir nuevamente sobre la F1 para contar su historia. Dicen que «el hombre es fuego, la mujer estopa, llega el diablo y sopla», un dicho popular que desde luego se extiende a todos los temas de la vida humana, pero en mi caso particular no es el diablo, sino el Señor de las Tinieblas el que llega y sopla. Para quien me lee por primera vez le revelo que el Señor de las Tinieblas es el apodo bien ganado —yo se lo puse— de mi editor y amigo Gabriel Sandoval.

Tuve el gusto de conocer a mi querido Francisco Javier González gracias a una invitación que me hizo el Señor de las Tinieblas para acompañarlos en una comida. Acepté porque, como aficionado a los deportes, conocía a Francisco Javier González por la radio y la televisión, y además lo había leído en sus columnas deportivas. Es de esas figuras públicas que con el paso del tiempo se vuelven parte de la familia. Con tequila, whisky y vino de por medio, al finalizar aquel primer encuentro, ya éramos cuates en el más amplio sentido náhuatl del término.

Aproveché la ocasión para regalarle mi primera canita al aire literaria: en 2015 me salí de los terrenos de la historia política para escribir *Héroes al volante. Historia de la F1 en México*, publicado por la editorial Planeta. Hace algunos meses repetimos la dosis, nueva invitación presidida por el Señor de las Tinieblas pero ahora con nuestra editora común, Karina Macias. Una vez más: cortes de carne, tequila, whisky y vino, todo en generosas cantidades.

En algún momento de la charla Francisco Javier y yo comenzamos a hablar de la segunda victoria de Checo Pérez en la F1 que había obtenido a principios de junio para la escudería Red Bull. El Señor de las Tinieblas escuchaba atento y de pronto lanzó la clásica pregunta que devela que su cerebro ya concibió un nuevo libro: «¿Y por qué no escriben juntos la historia de Checo Pérez?». Me reí. Pensé que era una broma porque Gabriel Sandoval conoce tanto de la máxima categoría del automovilismo que cree que la Fórmula 1 es algo relacionado con las matemáticas o la química.

Pero no bromeaba. Estaba convencido de que era una historia que valía la pena contarse porque, más allá del deporte, era una historia de éxito y ahí mismo, entre un vacío y un bife de chorizo, más vino y más tequila, aceptamos la propuesta y comenzamos a urdir el índice mientras Karina, nuestra editora, comenzaba a calendarizar tiempos de entrega en su mente —siempre con un colchón de un par de semanas porque me conoce.

Never Give Up (Nunca te rindas), la frase que Checo Pérez ha hecho tendencia en Twitter, es el título de la presente obra que nos echamos Francisco Javier González y yo al alimón. No es un libro de superación personal, tampoco es una obra de expertos en la materia, es un divertimento que escribimos desde nuestra pasión como aficionados para dejar constancia de que nos tocó vivir una historia de éxito.

**ALEJANDRO
ROSAS**
OCTUBRE DE 2021

POR QUÉ ESCRIBIR
SOBRE CHECO

Uno de los grandes recuerdos de mi infancia tiene
que ver con las carreras de autos. Entre los amigos
de la cuadra había especialistas en el trazado con gis
de la pista, sobre la que jugábamos con carritos de
plástico. Costaban un peso con cincuenta centavos
y podían ser adaptados para correr mejor. De acuerdo con las habilidades mecánicas de cada quien, se
les ponía mayor o menor cantidad de plastilina en el
frente para lograr el peso correcto.

Entre largas rectas y curvas pronunciadas, se
dibujaron algunas obras de arte sobre los cuadrados rojos de la Unidad Kennedy, en la zona donde
las banquitas también servían de coladeras cuando
jugábamos fut. Quien se ponía vivo, elegía qué piloto sería. Como los primeros siempre seleccionaban
ser Pedro o Ricardo Rodríguez, un día le pregunté a

15

mi padre por un nombre diferente. «Tú eres Taruffi», me dijo. Primero pensé que me estaba insultando, pero cuando supe quién fue el gran Piero Taruffi, lo abracé, apantallé a mis cuates y hasta gané alguna de esas carreras que necesitaban horas porque había que darle varias vueltas a la pista.

Cada turno permitía empujar tres veces el carrito, con derecho a hacer «cáliz» si se solicitaba de vez en cuando. La única forma de terminar prematuramente nuestros grandes premios era porque nos llamaran a comer. No había reglas que estuvieran por encima del grito de alguna madre asomada a la ventana, anunciando que la sopa estaba servida. No sé si debí contarles esto porque aproximarán mi edad fácilmente y hoy, cuando no se es milenial, se es visto como un alienígena invasor.

Sigo convencido, sin embargo, de que la experiencia tiene más valor que prestigio y esa me permite recordar algo: durante muchos años carecimos de un piloto de Fórmula 1. Durante esa larga época sin mexicanos al volante, los Hot Wheels y Matchbox primero, y los videojuegos después, desplazaron a aquellos carritos de plástico y los nombres de sus tripulantes.

El automovilismo mexicano, sufrido y melodramático como casi todo lo que nos rodea, hizo grandes esfuerzos con categorías nacionales y algunos seriales extranjeros traídos al autódromo capitalino con Adrián Fernández como el superhéroe más identificado. Justamente Adrián escribió un prólogo para el estupendo libro de Carlos Jalife sobre los hermanos Rodríguez en 2006, en el que comentó que cuando buscó alguna obra que hablara sobre ellos para darle luz en el camino, encontró solo apuntes y recortes de periódico que no daban demasiada cuenta del camino por enfrentar de un candidato a piloto.

Conforme pasa la vida, se cierran algunos círculos de amigos y se inician otros. Pero la idea sigue siendo la misma: jugar a algo, estrenar recuerdos para el futuro y compartir una mesa. He de comentar que esto está escrito con una ventaja, aunque no necesariamente con premeditación o alevosía: ya conozco la introducción de Alejandro Rosas, de quien tengo algo que decir.

La historia siempre me ha interesado y, por la manera en que la cuenta, lo he seguido a través de sus programas de radio, sus libros, sus textos y su cuenta de Twitter. Soy uno de sus admiradores, vaya.

Si me hubieran dicho que me regalaría un libro cuando Gabriel Sandoval nos presentó en una comida, nunca hubiera pensado que se trataría de la historia de la Fórmula 1 en México. Lo leí en un par de sentadas y me hizo recordar mil cosas. Para la siguiente comida, con la naturalidad de un nuevo juego, surgió la idea de escribir juntos esta obra.

No puedo mentir: dudé seriamente poder hacerlo porque no quiero parecer profano. Hay gente que sabe mucho de automovilismo y podría hacerlo mucho mejor que yo..., pero es verdad también que no lo ha hecho. Y Sergio Pérez, como mexicano triunfador, merecía que me atreviera a investigar sobre esos pasos que dio para convertirse en una figura que logró algo tan improbable como llevar 11 años en la máxima categoría. Ir descubriendo con mirada de reportero todo lo que ha pasado desde su niñez, saber de la gente que lo rodea, la que lo apoya y también de la que lo ha traicionado ha hecho apasionante el ejercicio.

La complicidad de Miss Gaby —mi esposa y primera correctora— para despertarme cada vez que va a correr Checo y sentirme en las mejores manos editoriales me convenció de que sería fantástico dedicarle algunos meses a esta obra.

Antes de saber que esto sucedería ya le había hecho para televisión una entrevista de una hora a Sergio, y para tener más detalle en las cosas que contar recurrí a dos expertos en la materia: Sam Reyes y Marco Tolama, que han vivido el automovilismo con enorme pasión. Y desde los pits, muchos capítulos en la vida de Sergio. También a Luis Aguirre, excompañero del diario *Reforma* y parte del equipo del piloto desde hace varios años, así como a gente cercana a su entorno.

Checo convive con personajes sorprendentes que necesitan ser conocidos para entender su contexto y por ello desfilarán en estas páginas. Un tapatío en la Fórmula 1 debe ser tan extraño como un polaco en el Mariachi Vargas de Tecalitlán, pero a base de esfuerzo, adaptación y apoyo ganado por sus habilidades, por lo menos lo primero ha sido posible. Llegar hasta una marca de cerveza que se convirtió en línea aérea y saber que James Bond y Sergio Pérez tienen algo que ver entre sí son escenas de este trayecto que sirven para contar parte de una vida exitosa y además mexicana.

Los juicios sobre Sergio y sus patrocinios han dejado escuchar cosas terribles con afán de quitarle méritos a un deportista ejemplar que no lo merece: salió de la nada y es uno de los mejores del mundo. Checo necesita una superlicencia para ponerse al volante de un Fórmula 1, pero para opinar no se requiere papel alguno. Por inhumano que parezca, es muy humano hablar sin saber. Por alguna razón histórica que sabrá explicar mejor Alejandro, así somos en tierra mexicana.

Entramos ambos a la pista por lugares diferentes: él lo hace en los capítulos impares partiendo de la pandemia hacia el resto del trazado y yo en los pares en una cronología desde la infancia de Checo hacia adelante. Ambos nos encontramos en la meta. Tras espectaculares curvas y rectas fenomenales, revelamos parte de la fotografía del mejor piloto que hemos tenido en la historia del país.

Ignoro qué se le ocurrirá a Gabriel Sandoval en la siguiente comida, pero me volveré a poner en sus manos. Ha sido una delicia compartir con Alejandro Rosas la tarea —gracias, Julio Patán, por concederme esta pieza no bizarra con él—, con Karina, con Tamara y con todo el equipo de la editorial Planeta.

Para la siguiente cita, tal vez pintemos con gis una autopista y consigamos algunos viejos autos de plástico. Si aceptan jugar, me adelanto: no seré Taruffi. Quiero ser Checo.

FRANCISCO JAVIER
GONZÁLEZ
OCTUBRE DE 2021

La Fórmula 1
MOMENTOS DE SU HISTORIA

1 **PUEDE DEFINIRSE**
como la categoría que reúne a los mejores pilotos del mundo con los mejores constructores del mundo.

2 **DURANTE LA DÉCADA DE 1920,**
el gusto por las carreras en Europa y la construcción de pistas propició la creación de la Asociación Internacional de Clubes de Automóviles Reconocidos (AIACR, 1924), la cual se encargaba de regular las competencias y establecer sus reglas.

3 **EN 1947, LA AIACR**
se reorganizó como Federación Internacional de Automovilismo (FIA), con sede en París.

EN 1950 COMENZÓ 4

el Campeonato Mundial de Pilotos de Fórmula 1, el cual se corrió inicialmente en siete circuitos. Ese mismo año se estableció un sistema de puntuación.

EL PRIMER GRAN PREMIO DE F1 5

se corrió el 13 de mayo de 1950 en Silverstone, Inglaterra. Lo ganó Giuseppe Farina, quien fue también el primer campeón mundial de pilotos.

EL AÑO QUE VIVIMOS EN PELIGRO

El año 2020 comenzó como cualquier otro, con el mes de enero en su gustado papel de un largo y pesado lunes, con una gran resaca por las fiestas decembrinas, pero por sobre todas las cosas, con la esperanza de que el año nuevo trajera un mejor porvenir.

En esos primeros días de enero Wuhan apenas tomaba forma en el imaginario universal. Los más curiosos teclearon el nombre de aquella ciudad en Google Maps para saber dónde había surgido «un virus desconocido hasta ahora», como lo anunció la ONU hacia finales de enero, pero que causaba preocupación porque estaba provocando enfermedades respiratorias en China y, más aún, porque comenzaba a hacer acto de presencia en otras regiones del mundo.

La Organización Mundial de la Salud (OMS) prefirió tapar el pozo antes de que se ahogaran los niños e hizo la declaratoria de pandemia el 31 de enero, lo cual significaba que tarde o temprano el covid-19 estaría presente en todos los países del mundo, aunque para esa fecha solo había 11821 casos reportados en China y 132 fuera del país. Y como bajo advertencia no hay engaño, ya con la pandemia en ciernes, cada país vería cómo se las arreglaría; por lo pronto, la humanidad continuó su camino como si no ocurriera nada.

LA PANTERA ROSA

La Fórmula 1 levantó su telón 2020 desde febrero con la acostumbrada pasarela de escuderías, que año con año eligen una fecha para presentar a sus pilotos —firmados meses antes— y mostrar el nuevo modelo del auto con el que competirán en el campeonato.

El 18 de febrero se encendieron los reflectores para la escudería Racing Point y aparecieron en el escenario Checo Pérez y Lance Stroll con sus overoles color rosa, tan intenso como el color del auto, tan intenso como la Pantera Rosa. Ya no causaron sorpresa, pues desde 2017, cuando la escudería todavía se llamaba Force India, el chasis dejó el plata, el negro y las franjas anaranjadas y verdes por el rosa, debido a que era el color de Best Water Technology (BWT), una empresa austriaca especialista en tratamiento de aguas que decidió patrocinar el equipo de la F1. Le otorgó cuando menos 30 millones de dólares a Racing Point. Todo el equipo aplaudió el patrocinio y quedaron muy conformes con el color rosa, aunque Nico Hülkenberg, excompañero de Checo en Force India, bromeó en su cuenta de Twitter: «Ahora entienden por qué me fui de Force India».

Los autos rosados fueron llamados «las panteras rosas», como un involuntario homenaje al conocido personaje de Friz Freleng y David DePatie, cuyo primer episodio apareció en septiembre de 1969, con música de Henry Mancini. Nunca menguaron los chistes rosados y cuando Checo ganó su primera carrera en F1, en el Gran Premio de Sakhir en Baréin, el 6 de diciembre de 2020, el propio Checo recibió un sinnúmero de felicitaciones pero una en particular llamó su atención: le informaron que decenas de taxis color rosa de Ciudad de México se habían reunido en la glorieta de la Palma, en Paseo de la Reforma, para festejar su triunfo; sin embargo, resultó que la imagen era de una manifestación de taxistas, eso sí, de color rosa, en contra del servicio de Uber. Aún así, Checo agradeció el ingenioso meme.

En febrero de 2020, cuando Racing Point presentó sus autos y pilotos, el mundo sabía que sería la última temporada en que correrían las panteras rosas, ya que a partir de 2021 la escudería se convertiría en Aston Martin. Lawrence Stroll, dueño de Racing Point, había comprado un paquete accionario mayor de la conocida marca del automóvil que hizo famoso el agente 007. Era el siguiente paso en la evolución de la escudería que había nacido como Force India, que luego se convirtió en Racing Point y finalmente en Aston Martin, con el chasis en color verde, en 2021.

Pero volvamos a la temporada 2020. La presentación del equipo fue un éxito, Checo Pérez y su coequipero Lance Stroll se veían confiados y con buen ánimo; se respiraba un ambiente de camaradería en la escudería, muchos de sus miembros habían acompañado a Checo desde su arribo en 2014, cuando eran Force India. Los tiempos difíciles habían pasado y la temporada 2020 se presentaba promisoria para Racing Point.

«EL FUTURO PINTA BIEN»

La temporada 2020 tenía un significado especial para Checo Pérez: cumpliría una década de haber debutado en la F1. Había conducido para Sauber en 2011 y 2012, luego para McLaren en 2013 en lo que fue una termporada desastrosa. El piloto mexicano llegó en el peor momento, la escudería británica se iba a pique y nunca pudo entenderse ni con el equipo ni con su equipero, el inglés Jenson Button, campeón mundial de la F1 en 2009.

Para 2014 Checo firmó con Force India, donde se consolidó como piloto; a pesar de la crisis financiera de la escudería que casi la lleva a la quiebra en 2018, aguantó candela y permaneció fiel, aun cuando el equipo cambió de dueño y nombre por el de Racing Point. Hasta 2019 Checo había subido al podio en ocho ocasiones, cinco de las cuales lo hizo compitiendo para Force India Racing Point, las otras tres fueron defendiendo los colores de Sauber en 2012.

El piloto mexicano sabía que la temporada 2019 no había sido buena ni personalmente ni como equipo; no consiguió subirse al podio y quedó en el décimo lugar en el Mundial de Pilotos. El equipo quedó en la posición número siete del Campeonato Mundial de Constructores, disputado por 10 escuderías, cuando en temporadas anteriores había llegado incluso al quinto lugar. En buena medida, los reajustes financieros por el cambio de propietario y la transición de la antigua administración a la nueva habían afectado el desempeño del equipo.

Aun así, lo mejor que Checo Pérez obtuvo en la temporada 2019 no fue en la pista. El 30 de agosto de 2019 Lawrence Stroll, dueño de Racing Point, le ofreció un contrato para que continuara en la escudería cuando menos hasta finalizar la temporada 2022. Tres años más en los que Checo podría estar tranquilo, solo enfocado en su auto, en competir y tratar de llevar a la escudería al siguiente nivel. Fue una gran noticia porque le brindó certezas.

La nueva temporada 2020 se abría con muchas esperanzas para el piloto tapatío y para la escudería porque el auto Racing Point RP20 era muy prometedor. Era muy similar al Mercedes W10 con el que Lewis Hamilton y la escudería alemana se habían coronado en 2019, pero a otros equipos esto no les pareció. Renault protestó oficialmente. Tras varios meses de alegatos, la Federación Internacional del Automóvil (FIA) dictaminó que Racing Point infringió las reglas de diseño de la F1 y los castigó con la pérdida de 7.5 puntos por cada coche en el Campeonato de Constructores y con 400 000 euros de multa. Se llegó a decir que el RP20 era un Mercedes W10 pero pintado de rosa.

Lejos de los dimes y diretes que estarían a la orden del día en torno a los autos de Checo y Stroll, lo cierto es que elevaban a Racing Point a una renovada competitividad. Checo se mostraba orgulloso porque en su auto se reflejaba la historia de sus más recientes e intensos años en la Fórmula 1. «Este coche es el resultado de tantos años de luchas en el equipo», expresó, «luchas financieras, diferentes tipos de incertidumbre. Siempre nos mantenemos juntos, así que tengo mucha esperanza en que sea el coche que nos lleve al siguiente paso. Ahora, con la nueva administración del equipo, el futuro pinta bien y estoy contento de tener contrato con Racing Point hasta 2022».

El piloto mexicano sabía que debía concentrarse en lo que mejor sabía hacer: conducir. Tenía la experiencia de una década, el conocimiento, el instinto afilado, sabía quiénes eran sus rivales y conocía todos los circuitos del serial, salvo el callejero de Vietnam, que sería inaugurado en abril. El 2020 podía llegar a ser su gran año.

UN CASO DE COVID

Faltaban solo dos horas, 120 minutos para comenzar la primera sesión de prácticas libres del Gran Premio (GP) de Australia. La gente comenzaba a llegar al Albert Park para el inicio de la temporada 2020, pero se encontró con una situación desconcertante: el circuito permanecía cerrado y no había información alguna de la situación.

Las personas comenzaron a inquietarse, a chiflar, a gritar exigiendo que se abrieran las puertas del circuito cuando por los altavoces se escuchó un anuncio que causó conmoción entre los asistentes y en el mundo del automovilismo deportivo. De último minuto la FIA, los organizadores del Campeonato del Mundo de Fórmula 1 y los responsables del GP de Australia decidieron cancelar el Gran Premio; la pandemia había ganado la *pole position* en la parrilla de salida de la temporada y todo estaba por cambiar.

Aunque para nadie era desconocido lo que estaba sucediendo en el mundo, todavía 15 días antes las autoridades anunciaron que pese a la pandemia la temporada iniciaría, como todos los años, con el GP de Australia. Todo parecía estar en orden, las escuderías acudieron como siempre a los *tests* de pretemporada en Barcelona, que se realizan a finales de febrero y en donde los pilotos prueban los autos durante varias sesiones. No hubo ninguna novedad que pudiera advertir un riesgo.

La pandemia estaba presente pero aún no se alcanzaban a ver sus garras, y también hay que decirlo, la humanidad tardó en responder y, cuando comenzó a hacerlo, el virus ya había echado raíces. Por lo pronto, a mediados de marzo el exceso de confianza seguía marcando el camino a seguir por la FIA y todos esperaban ansiosos el inicio de la temporada. Las escuderías viajaron a Melbourne confiadas y durante la semana previa al Gran Premio llegaron los contenedores con todo el equipo, autos, neumáticos, computadoras y el personal de cada escudería; en unos días estaban armados los *motorhome* de cada equipo.

El jueves 12 de marzo, un día antes de la primera sesión, se prendieron los focos rojos. McLaren anunció que un miembro de su equipo había dado positivo en la prueba de covid-19, y no obstante que lo confinaron de inmediato, los directivos del equipo anunciaron que la escudería se retiraba. No participaría en el primer Gran Premio de la temporada, no solo por el miembro de su equipo enfermo, sino para cuidar la salud del resto de la gente que había estado en contacto con el primer caso de covid en la F1.

El retiro de McLaren no significó la cancelación inmediata del Gran Premio; había mucho en juego, millones de dólares en la organización, en mercancía, los derechos de transmisión por televisión, por internet, por radio. Además todo el boletaje estaba vendido desde meses antes.

Algunos pilotos, como Sebastian Vettel, Kimi Räikkönen y Lewis Hamilton —los tres campeones del mundo—, habían sido los primeros en expresar su oposición a correr, incluso Hamilton dijo: «Parece que el resto del mundo ya está reaccionando, aunque probablemente un poco tarde [...] Aun así, la Fórmula 1 continúa». Los directivos de las escuderías se reunieron para tratar de llegar a un acuerdo y minimizar los daños, pero luego de varias horas deliberando acordaron suspender el Gran Premio. El comunicado oficial establecía: «Sabemos que esta es una noticia muy decepcionante para los miles de aficionados que asistirán a la carrera; todos los poseedores de entradas recibirán un reembolso completo y se comunicará un nuevo anuncio a su debido tiempo».

El Gran Premio de Australia estaba cancelado y solo era el comienzo.

EL MUNDO SE DETIENE

A mediados de marzo de 2020 no se necesitaba ser adivino o virólogo, ni pertenecer a la OMS para advertir que el mundo marchaba hacia su confinamiento. La pregunta era cuándo nos tocaría, porque en México nuestro preclaro gobierno desestimó todas las primeras advertencias de la OMS bajo el clásico «aquí no pasa nada», e incluso sostenía que el gen del mexicano era capaz de resistir el embate del covid.

Pero no solo la F1 estaba padeciendo los estragos de la pandemia. Al comenzar abril, el covid ya se encontraba en 180 países, el mundo alcanzaba 1 200 000 contagios y más de 68 000 fallecimientos. La F1 ya había cancelado un Gran Premio, otros deportes también atravesaban las mismas circunstancias y se hacían la misma pregunta: ¿será necesario cancelar?

El anuncio del aplazamiento de los Juegos Olímpicos de Tokio 2020, la famosa Eurocopa y la Copa América fue brutal. Se realizarían si las condiciones de salud universal mejoraban pero hasta 2021 —y ya no había marcha atrás—, con un sinnúmero de pérdidas económicas. El ciclo olímpico se descarrilaba y los miles de deportistas que esperaban con emoción viajar a Japón luego de prepararse durante cuatro años tendrían que ingeniárselas para continuar su entrenamiento en pleno confinamiento.

El Giro de Italia, en ciclismo, y el Torneo de Wimbledon, en tenis, fueron cancelados. La Champions y la Europe League, que estaban por concluir, pararon unas semanas y meses más tarde lograron llevar a feliz término sus torneos pero sin público. En Estados Unidos el coronavirus sorprendió a la NBA a medio torneo y, curiosamente, en la misma fecha en que McLaren anunció que se retiraba del GP de Australia. El 12 de marzo de 2020 la NBA anunció que Rudy Gobert, jugador del Jazz de Utah, había dado positivo a la prueba covid. De inmediato suspendieron la temporada. Lo irónico del asunto es que unos días antes de contagiarse, en una rueda de prensa, Gobert se había burlado de las medidas sanitarias que se estaban tomando en Estados Unidos y en el mundo, y en un arrebato de estupidez se le hizo gracioso tomar todos los micrófonos de la rueda de prensa y manosearlos.

Al igual que lo hizo la FIA, la NBA no estaba dispuesta a perder la campaña 2020 ni a asumir las pérdidas económicas que eso significaba, así que planearon el regreso poco más de cuatro meses después y lo hicieron de una manera muy ordenada. Reinició la temporada en lo que se conoció como la Burbuja de Orlando, donde en un complejo deportivo se alojaron todos los equipos contendientes —los que ya no tenían posibilidades de llegar a las finales no fueron incluidos—. Los jugadores estarían confinados dentro del complejo y no podrían salir sino hasta que concluyera su participación en el torneo. Además, los juegos se realizarían sin público o, como ocurrió con otros deportes, con público viritual que pagaba una entrada para que su fotografía apareciera en alguna butaca durante la transmisión del encuentro.

No hubo deporte que no sufriera algún cambio durante la pandemia; en México se canceló el Maratón de la Ciudad de México, las ligas de futbol y de beisbol. Ante la ausencia de deportes en vivo, los canales de televisión de paga comenzaron a proyectar repeticiones de los grandes encuentros de todas las disciplinas deportivas, documentales e incluso torneos virtuales. El mundo tuvo que adaptarse esperando tiempos mejores.

Para la Fórmula 1 parecía una tragedia griega. En 2020 cumplía 70 años de existencia, así que la FIA tenía grandes planes para celebrarlo. Pero el aguafiestas se había presentado en el mundo y desde la primera fecha del calendario el covid echó a perder el festejo. El GP de Australia fue el primero en ser cancelado y comenzó el efecto dominó. Se había dicho que la segunda fecha, en Baréin, se correría sin público pero también fue cancelada junto con el GP de China; siguieron Vietnam y el GP de Países

Bajos, en el circuito de Zandvoort, que volvía al campeonato de F1 después de 35 años de ausencia. El anuncio de la cancelación del GP de Mónaco fue un duro golpe para las esperanzas de que la F1 regresara pronto; la carrera más famosa, glamorosa y prestigiada del serial que se había corrido de manera ininterrumpida desde 1954 no se llevaría a cabo en 2020.

La FIA tomaba decisiones sobre la marcha. Para tratar de ganarle tiempo a la pandemia y que comenzaran a disminuir los contagios y los fallecimientos, los directivos de la FIA decidieron que las vacaciones que se tomaban las escuderías en agosto se recorrieran a marzo y abril. Para mayo las primeras 10 carreras de la temporada estaban canceladas o pospuestas, lo cual generó una situación de incertidumbre porque originalmente la temporada estaba planeada para 22 grandes premios —era la primera vez en la historia de la F1 que se correrían tantas carreras en una temporada, antes de eso, el máximo había sido 21.

España, Azerbaiyán, Canadá y Francia, cancelados; meses más tarde se anunció que los grandes premios de América serían cancelados también: Estados Unidos, México y Brasil. Algunas voces dentro del organismo recomendaban que se cancelara la temporada y regresaran a las pistas en 2021, lo cual hubiera significado pérdidas inmensas para las escuderías.

Para que la temporada no se convirtiera en un desastre financiero, por los derechos de televisión, era necesario organizar cuando menos 15 grandes premios. Luego de varias semanas de reuniones, de logística, de revisar las condiciones de los circuitos se anunció que la F1 iniciaría su temporada con puros circuitos europeos y a puerta cerrada. La primera fecha se llevaría acabo del 3 al 5 de julio en el Red Bull Ring de Austria; algunos circuitos tendrían dos carreras en distintas fechas, como el de Silversone en Gran Bretaña, donde se correría la carrera del 70 aniversario de la F1. Y solo conforme avanzó la temporada se abrieron fechas en Turquía, Baréin y Abu Dabi. Al final, la temporada 2020 tendría 17 carreras.

«¡AY, JALISCO, NO TE RAJES!»

Hasta antes de lo ocurrido en Australia, había razones para estar confiados y optimistas. Durante los entrenamientos en Barcelona, Checo Pérez había demostrado de lo que era capaz Racing Point. Desde sus primeros giros marcó diferencia con lo que había hecho en años anteriores, y lo que resultó más importante: acortó el tiempo respecto a los Mercedes de Hamilton y Valtteri Bottas, lo que ponía de inmediato a Racing Point con posibilidades para pelear por el tercer o cuarto lugar en el Mundial de Constructores, solo por debajo de Mercedes y Red Bull, y en competencia con Ferrari.

Checo sabía que finalmente contaba con el auto más competitivo de toda su carrera y podía aspirar a ganar su primer Gran Premio en la temporada 2020. Pero fiel a su temperamento, tomó las cosas con calma. Los entrentamientos apenas eran un indicio, el piloto tendría que demostrarlo en Australia y de ahí a lo largo de la temporada. Al terminar una de las jornadas señaló: «Ha sido un día positivo, es muy temprano todavía, pero sin duda que el coche tiene potencial, creo que lo tenemos que conocer mejor; ha cambiado bastante en relación al del año pasado, pero creo que es un coche que puede ser muy competitivo».

Durante los entrenamientos Checo dio 145 giros, el equivalente a tres grandes premios, en el circuito de Barcelona-Cataluña, en donde demostró que tenía un extraordinario ritmo de carrera. «Es curioso ver cómo el deporte ha evolucionado», declaró en una entrevista. «Cuando me uní a la Fórmula 1, yo era uno de los pilotos más jóvenes pero ahora soy uno de los pilotos más experimentados».

Pero dicen que llega el diablo y sopla. La cancelación del Gran Premio de Australia sorprendió a propios y extraños. En apenas un mes el optimismo, el deseo por iniciar la temporada y la emoción que privaba en todos los equipos se desvanecieron. El ánimo colectivo era sombrío porque la salud de todos estaba de por medio, tanto la de los miembros del equipo como la de familiares, amigos y conocidos que aguardaban en sus lugares de residencia.

Checo no fue la excepción. La cancelación del Gran Premio de Australia debió ser frustrante, pero no era la primera vez que le tocaba ver de frente a la adversidad. Así que asumió el destino común que compartía con la humanidad, y una vez anunciado que la temporada se suspendía hasta nuevo aviso, viajó de vuelta a Guadalajara para estar con su familia.

Lejos de los pits, del olor a combustible y a neumáticos gastados, alejado de la velocidad a casi 300 kilómetros por hora, se dedicó a apoyar distintas causas desde el confinamiento, a alentar a la gente, a sumarse a campañas para hacerle frente al coronavirus de todas las formas posibles. A finales de marzo Checo fue embajador de la campaña Jaliscontigo, junto con los músicos Ely Guerra y Mario Sandoval, que tenía como fin unir a la gente, animarla para que no flaqueara en momentos en que comenzaba el confinamiento.

«En estos momentos no nos rajamos, sacamos el carácter cantando con el corazón», decía la campaña. «Nos separa la distancia pero nos une una misma voz. Llenemos de alegría cada rincón y que se escuche nuestro canto». Checo y el resto de los embajadores de la campaña invitaron a la gente a que el domingo 29 de marzo, a las 21 horas, se asomaran a sus ventanas, a sus balcones, para cantar: «¡Ay, Jalisco, no te rajes! Me sale del alma cantar por tu amor, sentir en el pecho y echar este grito, qué grande es Jalisco, palabra de honor».

También por esos días Checo se realizó una prueba covid en el Hospital Puerta de Hierro, que salió negativa. Luego de Australia, había llegado a Guadalajara y presentaba molestias en la garganta. Para no tomar riesgos se hizo la prueba pero resultó que la clínica no tenía la autorización para realizar pruebas PCR y habían engañado a mucha gente. Al enterarse, Checo escribió en su cuenta de Twitter: «Espero lo mínimo que hagan sea regresar el dinero a todos los que confiamos en ustedes…, pero sinceramente me gustaría ver que hagan algo importante por la sociedad para compensar su falla tan grave. Hoy son tiempos de estar todos unidos y apoyarnos entre todos».

A través de sus redes sociales, Checo pidió a sus seguidores cuidarse, respetar las recomendaciones de las autoridades, no tomar riesgos innecesarios, tener paciencia. Tenía confianza en que la humanidad pronto saldría adelante y recuperaría su vida. Pero era necesario seguir las reglas. «Les quiero enviar un poco de energía positiva para México a través de este mensaje», escribió. «Cuidemos a nuestras familias. Sigamos el consejo de los profesionales de la salud. Saldremos juntos de esto, lo vamos a ganar. Muy pronto estaremos en la pista, en nuestros lugares de trabajo haciendo lo que amamos».

Los días se convirtieron en semanas y luego meses; Checo Pérez tenía que mantenerse en forma física porque en cualquier momento podría anunciarse que la F1 daba inicio, aunque entre marzo y abril todo fue especulación. Se hablaba de una fecha posible para regresar a las pistas, pero de inmediato se desechaba por la cancelación de nuevos grandes premios.

Mientras tanto, en casa Checo se las ingeniaba para mantener el buen ánimo de sus hijos. En Twitter pidió consejo a sus seguidores: «El verdadero reto ha sido cuidar a mis hijos. Disfrutemos con nuestra familia tanto como podamos. Envíenme ideas para mantener a mis niños ocupados. Desde en la mañana hasta en la tarde hacen actividades».

Como sucedió en otros deportes como el futbol, la F1 también promovió carreras virtuales donde participaron pilotos de la máxima categoría, de la F2 y F3, pilotos de reserva y hasta algunos futbolistas de renombre internacional. Checo debutó con su escudería en el F1 eSports Virtual Grand Prix, a principios de junio, en el GP de Azerbaiyán. No le fue nada bien: salió desde el puesto 18 de la parrilla y logró terminar en el lugar 15 luego de 26 vueltas. No había tenido oportunidad de practicar en el simulador y en la primera vuelta le tocó un incidente que lo hizo perder varias posiciones ganadas en la arrancada, situación que estuvo acompañada por la mexicanísima expresión «¡Qué pedo!» y que hizo reír a todos. Compitieron Pierre Gasly, Charles Leclerc, Lando Norris, George

Russell y Alexander Albon —sus rivales en la vida real— y el mexicano Esteban Gutiérrez, que compitió como piloto reserva de Mercedes y conquistó el tercer lugar.

Así pasaban los días, tratando de evadir la incertidumbre, no solo del futuro de la F1 sino de la humanidad entera porque los contagios y fallecimientos aumentaban en el mundo; todavía se veían lejos las vacunas y la gente comenzaba a resentir los efectos del confinamiento. La crisis de salud desató de manera natural una crisis económica que afectó todos los ámbitos. La F1 no pudo escapar. La cancelación de 10 grandes premios parecía un revés contundente. En los primeros días de abril la escudería McLaren anunció que licenciaría a parte de su *staff*, en tanto se mejoraba la situación y se tenía más claridad sobre la temporada 2020.

Una semana más tarde Williams y Racing Point anunciaron las mismas medidas. Siempre fiel a su escudería, Checo aceptó voluntariamente un recorte a su salario; Stroll, su coequipero, siguió el mismo camino. Para el tapatío no era desconocida una crisis financiera dentro de la escudería. En 2018 el equipo que por entonces todavía era Force India se declaró en bancarrota. Checo ayudó a sus compañeros a sortear tan difícil trance. Vijay Mallya, dueño de la escudería, la había puesto en quiebra y esto amenazaba con que desapareciera a media temporada, pero Checo era uno de los acreedores de la deuda —le debían cuatro millones de euros— y pudo ampararse con un recurso legal por el cual la escudería fue puesta en manos de un administrador en tanto encontraban uno o más inversionistas que compraran el equipo, así pudieron seguir compitiendo hasta que la escudería fue comprada por Lawrence Stroll. Gracias a la intervención del piloto mexicano, Force India no paró a media temporada.

La crisis económica en 2020 era generalizada. Pero después de casi tres meses de inactividad, al comenzar junio, la F1 anunció que la temporada 2020 comenzaría en la primera semana de julio. Las dos primeras carreras se correrían en Austria y se presentaron ocho fechas del serial a las que se irían sumando más. Sería una temporada atípica como todo 2020 lo había sido para la humanidad y todos los grandes premios se correrían con estrictos protocolos de seguridad: a puerta cerrada, pruebas covid para evitar contagios antes y durante el fin de semana de los grandes premios; el mínimo de personal de cada equipo en los pits; vuelos charter y traslados individuales para respetar la distancia social y cubrebocas en todo momento.

Checo Pérez no pudo ocultar su felicidad. «Por fin buenas noticias para nosotros y para los aficionados. Este proceso ha sido muy duro para todos y estamos con muchas ganas de llegar a la pista. Esto ha golpeado muy fuerte a los equipos económicamente. Va a ser un poco raro, incluso tal vez difícil de entender en un inicio por todos los cambios, pero tendremos que adaptarnos. Será diferente a como está el mundo, será duro, pero por otro lado es importante estar de regreso. Esto será como un tanque de oxígeno para todos».

El piloto mexicano no dejó de entrenar en ningún momento, pero una vez que el inicio de la temporada fue oficial, sus preparadores físicos viajaron a Guadalajara. Había llegado el momento de volver a las pistas, al cumplirse 10 años de su debut en la Fórmula 1.

Curiosidades
DE LA FÓRMULA 1

UN PILOTO DE LA F1 CAMBIA DE VELOCIDAD entre 2 500 y 4 000 veces durante una carrera.

ARMAR UN MONOPLAZA y volver a desarmarlo puede llevar unas ocho horas.

CADA ESCUDERÍA CONSUME 1 200 litros de combustible por carrera.

LOS MONOPLAZAS DE LA FÓRMULA 1 ACELERAN de 0 a 100 km/h en poco más de dos segundos, alcanzando 200 km/h en 5.5 segundos.

POR SU CARGA AERODINÁMICA, un coche de la F1 podría correr por la pared superior de un túnel (boca abajo), a más de 193 km/h.

EL CASCO DE LOS PILOTOS CUESTA una media de 25 000 euros.

LOS PILOTOS PIERDEN EN PROMEDIO dos kilos durante un GP. Pueden perder hasta cinco, que recuperan tomando líquidos.

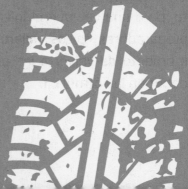

DE MANERA OFICIAL, el piloto más rápido en F1 ha sido Juan Pablo Montoya, quien registró 372.6 km/h durante los ensayos del GP de Monza 2005.

POR SUPERSTICIÓN, el número 13 solo ha sido usado dos veces: en México (1963) y en Gran Bretaña (1976).

UN EQUIPO DE LA F1 LLEGA A TENER hasta 600 miembros como tripulación.

EL RÉCORD MUNDIAL DE CAMBIO DE NEUMÁTICOS es de Red Bull, con 1.82 segundos durante el GP de Brasil 2019.

EL PILOTO MÁS JOVEN en tomar parte en un GP es Max Verstappen. Fue en Australia 2016, tenía 17 años y 166 días.

CON 18 AÑOS, SIETE MESES Y 15 DÍAS, Verstappen ganó el GP de España 2016, conviertiédose en el más joven en ganar un GP en la F1.

CON 23 AÑOS, CUATRO MESES Y 11 DÍAS, Sebastian Vettel es hasta ahora el campeón del mundo más joven de la F1.

EL TALENTO QUE INFUNDÍA MIEDO

Los gritos subían de tono en la carpa cercana a la meta y estaban a punto de convertirse en puñetazos. La carrera de karts partiría del estacionamiento de Plazas Outlet Lerma y, mientras Sergio Pérez estaba listo en su auto en el cajón de arranque, el presidente de la Comisión Nacional de Kartismo (CNK) pedía una protesta por escrito para proceder.

Los papás de los pilotos argumentaban que algo irregular tenía ese coche para alcanzar tales velocidades y que era peligroso para un piloto tan joven arriesgar la vida de esa manera. Ya sabían que ningún otro participante salía de las curvas con tal impulso. Pero nadie se animaba a escribir la protesta porque había que pagar una cuota para que la revisión fuera ejecutada, y también porque, a la hora de defender a su hijo, Antonio Pérez Garibay se convertía en una fiera enfurecida.

A falta del documento, ni la comisión ni los organizadores del campeonato podían hacer nada.

43

Entre un grito y otro, Antonio Pérez Garibay le gritó a Sergio con voz de relámpago: «Por ningún motivo te bajes del kart». Obediente, Checo retiró las manos del volante y las cruzó sobre sus piernas. No dijo una sola palabra. Se quedó quieto y bajó la cabeza esperando nuevas instrucciones.

—¡No voy a quitar a mi hijo! —volvió a rugir.

—Pues entonces lo quitamos nosotros. —Recibió como respuesta final.

Un par de valientes se aproximó entonces al auto para cargarlo con todo y ese niño de 12 años, para colocarlo fuera de la pista porque la carrera tenía que comenzar sin él.

Unos meses antes se había celebrado una competencia muy importante de Shifters 125cc en uno de los últimos eventos de la Champ Car World Series en México. Mientras se alistaba el protocolo de los himnos, las banderas y la arrancada en la pista principal del Autódromo Hermanos Rodríguez, el organizador Pepe Jassen estaba enfrentando una polémica similar. Los papás le exigían que impidiera la participación de Checo Pérez porque estaba muy chico y, aunque tenía permiso para conducir, era muy peligroso que corriera.

Sergio pesaba mucho menos (era hasta 30 kilos más ligero) que los demás competidores porque tenía hasta cuatro años menos de edad y había que adaptar con plomo el auto para que no se despegara del piso, con el riesgo de que un golpe tuviera consecuencias fatales. El presidente de la CNK, Sergio Martínez, les dio la razón. Algunas voces pidieron que lo dejaran participar para medir sus posibilidades en una carrera que además estaba siendo cubierta por varios medios de comunicación. Pero no les hicieron caso.

Toño Pérez había ya invertido en el auto, en el mecánico y en los suministros, pero el esfuerzo de sus argumentos fue inútil. Había dos versiones: una, que era mentira el temor por la integridad de Checo. Que lo que no querían los demás competidores era ser exhibidos por un niño y además con reporteros que dieran cuenta pública de ello. Otra, que su padre arriesgaba demasiado a su hijo y estaba adelantando los tiempos.

Sin embargo, esos dos incidentes le hicieron ver a Sergio, y sobre todo a su padre, que los demás le tenían miedo. Convencidos todos en la familia de estar haciendo bien las cosas, llegaron a una conclusión: tenían que irse de México si querían cumplir su sueño de hacer de él un piloto profesional. Tal vez la verdad esté justo a la mitad, pero había una creencia firme: en su tierra jamás lo iban a dejar crecer.

SUEÑOS SOBRE RUEDAS

Una tabla rectangular de madera con cuatro baleros le permitió a Antonio Pérez Garibay enamorarse de la velocidad para siempre. Lustrador de zapatos y monaguillo cuando pequeño, hizo de la necesidad una aliada para buscar distintos trabajos. Había que saltar hacia donde se pudieran conseguir algunos centavos. Tenía siete oficios y 14 necesidades.

También panadero, lavacoches y taxista, era lector de la revista *Automundo Deportivo* que le prestaba el voceador cada vez que llegaba el nuevo número al puesto de periódicos. Y el fin de semana, cuando tenía un tiempo disponible, se subía a su improvisado auto de carreras y les peleaba a los niños que tenían su avalancha, de esas que vendían en los almacenes con todo y sillín, freno y hasta volante. Lo pintaba él mismo imitando los diseños de la Fórmula 1 y llamaba la atención su valentía para manejar. Sabía conducir desde muy niño porque uno de sus tíos le permitía manejar la camioneta en la que repartía el pan de su negocio.

Dice la leyenda que Toño Pérez Garibay se aficionó al automovilismo cuando trabajó como lavacoches en ese taller mecánico-autolavado. Ahí se hizo amigo de uno de los clientes, Paco Fierro, un agente judicial al que le gustaban las carreras y quien no solamente lo invitó a que lo acompañara a varias de ellas, sino que de repente le dejaba tomar el volante y años más tarde le regaló uno de sus autos.

En esas épocas no había un campeonato consistente en México. Existían carreras importantes organizadas gracias a esfuerzos independientes: Fórmula Vee, Fórmula Ford extranjera, Trans Am o el campeonato mundial de marcas (conocido también como Campeonato Mundial de Sport Prototipos), en cuyo caso, lo que tenían que hacer los pilotos era subirse a como diera lugar a un auto o rentar uno para competir.

Los clubes organizaban carreras de seis horas, de 12, de 1000 o 500 kilómetros, lo que se pudiera. Paco Fierro y Toño Garibay participaban en la categoría Pony. Con todas las vicisitudes y carencias con que había vivido, Antonio, que utilizaría su primer apellido hasta años más tarde, se percataba de algo: el volante le empezaba a generar algo del dinero que generalmente no tenía en el bolsillo.

Fue el primer piloto tapatío que vivió de las carreras. De ahí salieron su primera casa y su primer auto nuevo. Su pasión se había convertido poco a poco en su medio de vida y encontraba apoyo en personajes que le permitían crecer. Participó en la Fórmula Super Vee y consiguió el título nacional a los 28 años, en 1987, coronando así un gran sueño. Esa fue una categoría muy peculiar porque sus chasises eran tubulares con motor y suspensión delantera de Volkswagen sedán, creada en Australia con carreras de 50 autos en la parrilla de salida al mismo tiempo y que ha sido tal vez la más barata del mundo.

Poco después Garibay sufrió un accidente en una fecha de exhibición y dejó de correr, pero no abandonó su pasión por el automovilismo deportivo. Se metía entre los autos pisando el acelerador pero aprendió también a granjearse la amistad de personas importantes. Una de ellas fue Tomás López Rocha, heredero de don Salvador Rocha y dueño de Calzado Canadá, que era un fanático del automovilismo: tenía los medios suficientes para correr en las 24 Horas de Le Mans, rentar autos Porsche a los mejores equipos y apoyar a sus amigos. Con cada recta se incrementaba la magia de Toño para las relaciones públicas y lograba acceso a esferas importantes del automovilismo.

Tres años después de su título nacional, Toño estaba a punto de recibir a su tercer hijo. La fecha probable del nacimiento coincidía con las 24 Horas de Daytona, a donde tenía que trasladarse con Tomás López Rocha. Estaba cada vez más metido en el mundo de las carreras y era importante que no faltara a esa cita. Decidió junto con su esposa adelantar el parto una semana. Si Toño Garibay había nacido en manos de una partera en casa de una tía porque su madre no tenía dinero para pagar el sanatorio más barato de su ciudad, que era el Hospital Civil de Guadalajara, ahora tenía los medios para adelantar el de uno de sus hijos y así poder asistir a una carrera en Estados Unidos.

La vida estaba cambiando para bien, aunque el camino seguiría siendo difícil durante muchos años. Sergio Pérez nació el 26 de enero de 1990 y los motores de la carrera de resistencia más exigente del mundo rugieron del 3 al 4 de febrero. Desde su aparición en el mundo, Checo llegó antes de lo pensado.

LOS PRIMEROS PASOS

Toño y Checo Pérez estaban destinados a ser la obra maestra de su padre. O por lo menos se haría el intento para que así fuera. Crecieron entre neumáticos, manchas de aceite, autos de carreras y uniformes de piloto.

La obsesión de Toño Garibay era hacerlos competir en las categorías que se pudiera y encaminarlos hacia el automovilismo profesional, lo que en esa época, como en la actual, constituía una labor casi imposible porque es carísimo. Recordemos que para correr no es necesario solamente el vehículo; también es indispensable pagar mecánico, juegos de llantas que se suelen acabar en una carrera, gasolina, refacciones, aceites y varias cosas más. Pero Antonio estaba dispuesto, como lo hizo, a dar todo por ellos; ningún esfuerzo sería poco en aras de conseguirlo. Así faltara dinero para comer, los autos estaban primero. Y si había que pelearse con alguien para que les dieran un lugar o conseguir algún apoyo, que lo dieran por hecho.

En el limitado mundo del automovilismo nacional había solamente tres competencias establecidas: el campeonato

Super Karts Cup de Pepe Jassen, la Copa México del argenti-no Giuseppe Rena y el campeonato del Reto Telmex de karts con caja de velocidades, que sería muy importante para Checo. Existía cierta guerra por los pilotos que iban destacando y eso se resolvía con la cartera: iban de un promotor a otro a cambio de que los apoyaran. Pero para entrar a ese juego era necesa-rio competir y ganar. Hacerse visible.

Se calcula que en ese entonces habría unos 300 kartistas en todo México, divididos en tres zonas: Monterrey, el centro del país y Guadalajara. En esta última se celebraba uno de los grandes eventos del año: la tradicional carrera de la Minerva, en la que competían más de 150 pilotos. El promotor local era Juan Morales, a quien apodaban el Talibán por su gran físico y enorme barba. Era otro enamorado del automovilismo.

Quien preparaba a Checo Pérez en sus años de infancia era Antonio Sánchez, el Donas, que conocía mucho del manejo fino. Sabía exactamente dónde frenar, dónde acelerar el kart y dónde torcerlo para dar las vueltas. Esto tenía un motivo que podemos comparar con la manera en que la mayoría mane-jamos nuestros automóviles en la ciudad: cuando uno llega a una curva, tiene que plantarse en el freno, torcer el volante y acelerar. Pero lo usual es que vayamos frenando de más al medir la curva y, sin saberlo, tallemos las llantas.

En las carreras de autos, si se tuerce la dirección con vio-lencia se desgastan los neumáticos. Lo mismo que si se acelera antes. Checo aprendió desde los karts a tener esa visión única de encontrar el lugar justo donde frenar, girar con suavidad y acelerar despacio. Maniobrando de esa manera, las llantas le duraban más. Y eso era indispensable para su padre, que no tenía el mismo dinero que los demás participantes para estar comprando llantas tan seguido. Esa habilidad en la administración de neumáticos es una de las virtudes que Sergio Pérez mantiene hasta la fecha, lo que le da una ventaja competitiva muy importante.

El Donas tiene un carácter apacible, perfil bajo y, en su hoja de vida, el orgullo de haber ayudado a Checo desde esos primeros pasos en las pistas del kartismo mexicano. Fue perfeccionando su manejo hasta hacerlo relevante a golpe de carreras. Hasta el año 2003, cuando Sergio fue subcampeón de la Copa México y tercer lugar del Reto Telmex, fue su senséi, su compañero infaltable.

ENTRE EL BALÓN Y EL KART

En el medio automovilístico, el Donas era considerado un mecánico y preparador de media tabla, pero fue muy importante en el desarrollo de Toño y Sergio Pérez. En algún momento, de hecho, evitó que Checo abandonara el automovilismo.

Sucede que ambos hermanos eran fanáticos del futbol. Toño siempre le fue a las Chivas y Sergio al América. Todas las tardes, después de hacer la tarea, salían a la calle a jugarlo con sus amigos. Eso era algo que no le encantaba a su padre, porque pensaba que los distraía del supremo objetivo de dedicarse a las carreras.

Desde los seis años, Toño y Checo estaban arriba de un go kart. Participaban en la categoría Baby con motores pequeños de 60cc. De ahí pasaron a la siguiente categoría, que es la

Kader, con dos divisiones: la infantil de siete a nueve años y la júnior de nueve a 12, esta ya con motores de 80cc. Ambos aprendieron a conducir a esas edades, al mismo tiempo que fomentaban su amor por el futbol. Pero había una diferencia sensible: la afición a los autos era heredada, era el gran sueño de su padre. La del futbol era natural, era suya, de sus amigos, y no representaba obligación de nada.

No jugaban mal y los dos compartían el sueño de ser futbolistas profesionales. El asunto hizo crisis cuando se celebró una competencia para la que Checo tenía que entrenar para calificar el domingo, pero su cabeza estaba en otro lado: el clásico Chivas-América se jugaba ese fin de semana en Guadalajara y tenía boletos para asistir. Quería estar en el partido a como diera lugar y eso le quitó concentración.

Tenía 30 segundos de ventaja en la carrera cuando le mostraron la bandera blanca para señalar que solo faltaba una vuelta. La cabeza se le fue al estadio de futbol, dejó de apretar y terminó en el segundo lugar. Dicen que lo que se escuchó en casa de los Pérez ese día no se puede repetir. Toño Garibay enfureció, le gritó a Sergio que no entendía todo lo que estaba en juego y lo amenazó con vender los karts.

—Ya sabemos que lo tuyo no es el automovilismo sino el futbol. Así que aquí se terminó tu carrera como piloto. Mañana vendo los coches.

No se sabe de muchas ocasiones en que Checo Pérez haya enfrentado a su padre, pero esa vez lo hizo. Tendría 12 años en ese entonces.

—Pues véndelos —le dijo—. Mi pasión de a de veras es el futbol. Hazlo. No me quieras asustar, no te sirve.

Checo se dio media vuelta y dejó hablando solo a un atónito y enfurecido Toño Garibay. Y fue el Donas, Antonio Sánchez, quien entonces tomó el lugar del padre. Durante varios días le hizo ver a Sergio el esfuerzo que habían hecho todos en el equipo para abrirse camino en el automovilismo y lo convenció de reconsiderar una decisión que parecía definitiva.

Sergio estaba realmente consciente desde los seis años de que el volante le venía bien, que tenía cualidades para el automovilismo. Pero fue hasta entonces que se inclinó a intentarlo con seriedad. Su hermano Toño ya estaba en Europa y su papá lo llevó a visitarlo. Cuando vio cómo se preparaba y lo que era ese mundo, sintió un deseo que ya jamás perdió: entregar su alma a los motores.

«TORMENTA» GARIBAY

No se puede considerar a Toño Garibay como un mal padre ni mucho menos. La vida le enseñó a moverse con astucia, a ser inflexible con algunas cosas e imperativo con sus hijos. El América y las Chivas estuvieron a punto de hacerle perder su gran misión en la vida: que Antonio y Sergio se convirtieran en pilotos profesionales y que fueran mucho mejores de lo que él había logrado ser.

Pese a las rudezas que cometía por su forma indomable de ser, pese a tomar algunos riesgos que en su momento eran necesarios, siempre ha querido lo mejor para ellos y ha hecho todo para procurárselos. Le apodaban Tormenta por su impulsivo carácter, que también ha sacado chispas y provocado acaloradas discusiones hasta la fecha en la Cámara de Diputados, para la que obtuvo un escaño plurinominal en 2021.

Desde el primer día en que ambos se subieron a un kart, hacía todo lo posible por relacionarse, promover a sus hijos, que eran generalmente menores que los demás —en particular Checo—, y hacerse de patrocinadores que le hicieran menos pesada la carga. Desde edades tempranas fue perfeccionando su visión respecto a la carrera de sus hijos. Se recuerda una de esas carreras tradicionales de la Minerva en la que el coche de Checo ya tenía patrocinio: una marca de hidrolavadoras. Mandó a hacer muchas playeras que regaló a los asistentes para que se vieran dos cosas: la marca en las fotografías de los diarios locales del día siguiente y que su hijo ya estaba logrando apoyos comerciales. Era un apasionado y quería que todo mundo supiera que Toño y Sergio estaban creciendo. Importantísimo era que todo ese esfuerzo fuera correspondido con buenos lugares, a edades que causaran sorpresa en el medio.

Sergio tendría ocho o nueve años cuando gracias a la relación de Garibay con Marco Tolama, quien había coincidido con él en varias competencias en Guadalajara, consiguió su primera entrevista en la televisión. Por ahí debe andar el video de esa emisión de *Los Protagonistas en Vivo* en la que José Ramón Fernández le pregunta a Tolama si creía que Sergio llegaría algún día a la Fórmula 1. Tolama, expiloto profesional y una de las voces más autorizadas del automovilismo hasta nuestros días, contestó afirmativamente. Sergio, un poco lampareado por las luces de los estudios de televisión que estaba conociendo por primera vez, era observado por su orgulloso padre a un lado del set. Otra buena relación de su padre que se convirtió en un gran impulsor de los inicios de la carrera de Sergio fue Francisco Javier Carmona Solís, del diario *Esto*, también muy influyente en el medio automovilístico, quien les daba seguimiento continuo a los dos hermanos.

La CNK, dependiente de la Federación Mexicana de Automovilismo Deportivo, A. C., estaba en crisis. Tenía un presidente pero prácticamente estaba acéfala por la falta de autoridad y las disputas directivas que la rodeaban, como sucede en casi cualquier variante del deporte mexicano. Tanto por las habilidades del niño como por la insistencia de Toño Garibay, la CNK le extendió un permiso a Sergio para que pudiera participar en la categoría inmediata superior con menos edad que la requerida. Esa licencia autorizaba a dar el paso de la Cadet Jr. a la Shifter 80 en la que, al tener cambios de velocidad, corrían más rápido y hacían muchas más cosas que el kart al que Checo estaba acostumbrado.

Toño Garibay consiguió ese permiso para que Checo, desde los 11 años, pudiera participar en esa categoría que era para niños de 12 ya cumplidos. Es aquí donde podemos hablar de ciertos riesgos que se asumieron, pues además de participar en esta categoría durante dos años, corrió primero de forma eventual y luego intentó hacerlo de manera permanente con los Shifter 125cc, con motores que tienen el tamaño de los de una moto. Es decir, de una división superior a la que le correspondía según su licencia. Eso implicaba, entre otras cosas, que Checo no tenía el peso suficiente para ayudar con su cuerpo a dirigir el kart en las curvas. Tuvieron que ponerle plomo al auto para completar el peso necesario; su fuerza no era suficiente para ello, pero su pericia al volante suplía esa carencia.

El niño de 13 años alcanzaba entonces los 150 kilómetros por hora, lo que era de respetarse muchísimo. Chequito le ganaba a su hermano mayor y a otros pilotos que tenían 16 años. Como ya había estado en los Shifter 80cc, dominaba de maravilla el auto. La gente lo aceptó porque pensaba que tenía permiso para esa categoría, pero no era así. Se estaba saltando a una más.

Ese incidente en Lerma, cuando Checo fue cargado con todo y kart fuera de la pista, fue un parteaguas. Cada vez que en el futuro Checo quería participar en una carrera, era posible que si alguien protestaba lograra impedirlo, como sucedió en una fecha durante la Champ Car en México. A veces eso sucedía y en ocasiones nadie se animaba a levantar la queja porque eso significaba pagar por ello y además enfrentarse a Toño Garibay, lo que no siempre se apetecía.

Para entonces, los Pérez ya trabajaban con los hermanos Casillas de Guadalajara, que eran espléndidos preparadores de autos y de pilotos. Su tarea era adiestrar a los muchachos para que compitieran en Estados Unidos, donde se celebraba uno de los campeonatos de Shifters más importantes, el Skusa (Super Karts USA). Con su pericia y preparación, Checo empezó a ganar las carreras a las que se inscribía, ya fueran en su tierra, en Toluca, en Cuernavaca y luego en Ciudad de México. Les daba zapes a todos.

CUANDO MÉXICO SE QUEDÓ CHICO

Ser el foco de atención en todas las fiestas en su papel de niño prodigio no era lo más conveniente para Checo. Lo importante de la victoria no solamente es obtenerla, sino ante quién se logre; el valor del triunfo está en función del tamaño del rival.

En las carreras nacionales participaban chicos que, quedando en buenos lugares, viajaban eventualmente a Estados Unidos y se inscribían en diferentes circuitos obteniendo resultados frustrantes. El golpe de realidad era muy fuerte porque se demostraba que, además de su indudable dosis recreativa y los altos costos de la actividad, en México no existía la oposición suficiente para mejorar. Era común que esos pilotos llegaran de regreso sin medalla ni diploma porque terminaban en los lugares veinte o treinta de las carreras en las que trataban de competir.

Entre las confusiones reglamentarias, los vacíos de autoridad y buena parte de ese ambiente en contra, a Toño Garibay le quedaba claro que tenían que dar un salto. El hijo mayor, Antonio, ya corría en la Fórmula Renault en Estados Unidos tras su regreso de Inglaterra, donde compitió en la Fórmula Ford 1800cc, y ahora era el turno de Sergio. Ya tenía cerca de 14 años, muchas carreras encima, un título juvenil y el apoyo de la Escudería Telmex, que había nacido en 2002 y ya lo había reclutado. Por cierto, abrimos un paréntesis aquí para mencionar que esta escudería fue vital para todo el automovilismo mexicano. Su aparición empieza a hacer soplar el viento a favor con una intención claramente establecida: volver a tener un piloto mexicano en la Fórmula 1.

Había llegado el momento de enfrentarse ante un nuevo reto. Checo fue inscrito en la escuela de pilotos de John «Skip» Barber, que en ese momento era el último grito de la moda automotriz. Pese a que lo vieron muy pequeño, decidieron probar sus habilidades. Solían recibir en ella a los campeones del kartismo y Sergio no lo era a nivel nacional, dado que no lo dejaban competir. Un incidente en Lerma con el influyente piloto Klaus Schinkel Jr. y una politiquería tremenda motivaron que no pudiera participar en carreras que le hubieran podido dar algo más que los campeonatos regionales que sí había conquistado. Sergio, de hecho, nunca fue campeón nacional en México.

En la escuela, los autos que utilizaban eran muy pesados. Si los karts pesaban con todo y el piloto 150 kilos, los autos tipo Fórmula con su tripulante llegaban a los 600. Pero resulta que el niño sabía perfectamente cómo manejar semejante peso, dejando asombrados a sus profesores. Sergio estuvo en la Skip Barber durante un año, yendo y viniendo a Guadalajara, donde participaba en algunas carreras sueltas. Lo que aprendió fue importantísimo para el futuro: la comunicación con los ingenieros, la puesta a punto de autos más complejos y el comportamiento de la unidad que le enseñaron los maestros de curvas. Fue nombrado novato del año y dio el paso indispensable de un piloto semiprofesional de kartismo al de uno profesional de tiempo completo.

Mientras tanto, había que seguir corriendo donde se pudiera y los esfuerzos para lograrlo seguían siendo inmensos: a veces mal comidos, a veces mal dormidos (el automovilismo

es un barril sin fondo en las multirreferidas necesidades económicas, solamente alguien muy adinerado puede costear presupuestos de ese tamaño), Toño y Checo primero y luego este
último solo hacían ronda con las familias de los pilotos que les
compartían alimentos y afecto. Eran queridos y bienvenidos.

Toño Garibay, por su lado, continuaba trabando amistad
con desconocidos para conseguir patrocinios y apoyo para sus
hijos, y gracias a ello consiguió un punto de despegue muy importante. Malabareando relaciones y presupuestos, andando
en el camino, el tiempo le hizo trabar amistad con el equipo de
Adrián Fernández, el mexicano que despegaba ya como gran piloto internacional. Toño entró al equipo de Adrián, quien entonces estaba representado por Héctor Sánchez Rosaldo, y jugó
un papel importante en la promoción y las relaciones públicas.
Su relación con las marcas era ya muy sólida y además tenía un
gran piloto que ofrecer: era la gran época de Adrián, con su inolvidable auto verde y rojo característico. Poco a poco Toño fue
tomando el lugar de Sánchez Rosaldo. Acercaba a Adrián a los
medios de comunicación y periodistas que le ayudaran a crecer,
tuvo que ver con el apoyo que recibió de Amway, que fue deci-
sivo, así como el de Quaker State, FedEx... y Telmex.

Toño se llevaba a Checo a todas las carreras de Adrián Fernández a las que podía. Se veían a varios jovencitos llevándoles
el casco a los pilotos y haciendo talacha para tenerlos activos:
Picho Toledano, Marco Tolama Jr. y el propio Sergio Pérez. Lograron tal relación afectiva que Checo le decía «tío» a Adrián
Fernández, quien además, en una de esas épocas difíciles de
Toño cuando corría en Inglaterra, llegó a poner algún cheque
para que pudiera tomar parte en alguna competencia para la

que no completaban la cuota. Sergio y Adrián se distanciarían en el futuro porque no siempre se aceptaron los consejos bien intencionados del segundo en la época difícil de McLaren. Pero esa es otra historia que ya fue felizmente saldada tras varios años de alejamiento.

Checo pudo hacer carrera en Estados Unidos, pero alguna voz le advirtió a su padre que, si se quedaba ahí, el destino jamás le dejaría salir de la categoría IndyCar, que no es lo mismo que intentar llegar a la Fórmula 1. Por eso se abstuvo de escuchar algunas de las propuestas que le llegaron. Había que irse a Europa. El patrocinio de Telmex y lo que Toño Garibay generaba con su trabajo no eran suficientes para dar ese paso, pero la determinación de ambos miraba hacia el otro lado del Atlántico. Lo tenían que lograr, otra vez, a costa de lo que fuera.

Un campeón que
SIEMPRE LLEVÓ LA DELANTERA

DESDE SU APARICIÓN EN EL MUNDO, Checo llegó antes de lo pensado. Nació luego de un parto adelantado.

COMPITIÓ EN SHIFTERS 125cc siendo hasta cuatro años menor que sus rivales.

CON APENAS OCHO AÑOS, consiguió su primera entrevista en televisión.

EN 1998 SE CORONÓ EN la categoría juvenil de karting. Fue el campeón y el piloto más joven en lograrlo.

EN 1999 FUE EL MÁS JOVEN EN GANAR una carrera en Shifter 80cc, tras obtener un permiso especial de la Federación Mexicana de Automovilismo Deportivo.

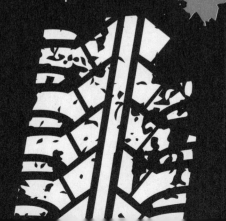

EL CHEQUITO DE 13 AÑOS le ganaba a pilotos de 16, y podía correr hasta los 150 km/h.

FUE EL PILOTO CON MENOR EDAD EN GANAR una carrera como parte de la Escudería Telmex.

EN 2003, EN LA COMPETENCIA EASY KART 125cc Shootout, tomó la bandera a cuadros como el piloto más joven de la categoría.

CUMPLIDOS LOS 17, se quedó con el título de la Fórmula 3 Británica en la Clase Nacional. Nadie lo había hecho a esa edad.

CON SOLO 14 PRIMAVERAS, fue nombrado Novato del Año en la Fórmula Skip Barber Nacional.

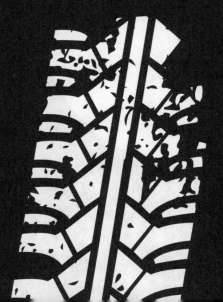

LA TEMPORADA
COVID

WE RACE AS ONE

El momento había llegado, atrás quedaba la frustración, el estrés de un largo confinamiento, la incertidumbre o la posibilidad de un futuro que apenas
unas semanas atrás parecía cancelado para todos.

Ya no había lugar para la especulación, ni para
más palabras. Para Checo Pérez había llegado la
hora, el tiempo de ratificar su talento con el mejor
auto que había tenido en 10 años en la F1. Eso era
lo que le había faltado a lo largo de su carrera, un
auto competitivo que pudiera disputar las primeras
posiciones.

A través de sus redes sociales, Sergio compartió un video donde contaba que había viajado en un
avión particular desde Guadalajara hasta Austria
acompañado por su preparador físico y los miembros más cercanos de su equipo. Llegaron a Austria
unos días antes de las primeras prácticas libres de

la temporada y siguieron todos los protocolos sanitarios dispuestos por la FIA.

El mexicano se sometió a una prueba PCR obligatoria para todos los pilotos que sin duda padeció. El médico parecía disfrutar el introducir el isopo en las fosas nasales y tomarse su tiempo, mucho tiempo, para obtener la muestra.

Checo se mostraba tranquilo y confiado, salía por las mañanas a correr entre los caminos rurales cercanos al circuito. En los días previos al inicio de las actividades organizó un asado con sus compañeros, continuó su preparación, todo con miras a la primera carrera.

La temporada que estaba por comenzar tendría carreras los tres fines de semana siguientes, sin interrupciones, así que los pilotos debían hacerse pruebas de covid-19 cada cinco días. La buena noticia fue que todos los equipos llegaron a Austria sin contagios, ni siquiera con personas sospechosas de estar bajo amenaza del virus.

A la entrada del Red Bull Ring había una manta que decía «Welcome Race Fans» (Bienvenidos, aficionados de las carreras) que parecía un vestigio de la vida cotidiana de otras épocas, cuando la gente de la Tierra solía abarrotar los foros deportivos y en particular el autódromo para presenciar un Gran Premio de Fórmula 1. Ahora todo lucía vacío, casi abandonado, parecía el escenario de alguna cinta apocalíptica en la que la humanidad había desaparecido casi por completo.

Las zonas generales donde la gente colocaba sus sillas plegables con sus sombrillas o donde se asoleaba antes de la prueba de calificación o de la carrera ahora estaban ocupadas por vacas que pastaban plácidamente sin que nadie las molestara. De pronto pasaban algunos trabajadores que realizaban tareas en la pista o a lo lejos circulaba un ciclista cuyo pedaleo era casi imperceptible.

La F1 transitaba hacia su nueva normalidad en la que el sonido de los motores resonaría en las tribunas vacías y el silencio, luego de que pasaran los autos, sería la única forma de aplauso que conocerían los pilotos. Contrariamente a otros tiempos, los pits no contarían con invitados especiales, ni con esas aglomeraciones de invitados de los patrocinadores de las distintas escuderías, ansiosos por vivir la experiencia de la actividad en el *paddock* y los pits antes de la carrera. Por instrucciones de la FIA, solo podría estar el personal indispensable para que cada escudería cumpliera con sus tareas, y todos con cubrebocas, incluso los pilotos que solo podrían retirárselo en el momento en que se colocaran el casco.

Los casi cuatro meses de inactividad y ciertas circunstancias que sacudieron al mundo entero, como la muerte de George Floyd, un afroamericano que fue asesinado a manos de un policía blanco en Minneapolis, en mayo de 2020, propiciaron que Lewis Hamilton —el único piloto de raza negra en la F1 y campeón del mundo— se volviera un activista. Enarboló la bandera antirracista bajo la máxima «Black Lives Matter», que entonces recorría el mundo, y la llevó a la F1 al inicio de la temporada covid. A la causa se sumó el resto de los pilotos, aunque cada uno a su modo.

Algunos siguieron el ejemplo de Hamilton, como Checo Pérez y otros 12 pilotos, quienes se hincaron durante la ceremonia inaugural del Gran Premio de Austria 2020 y usaron camisetas con la frase «End racism» (Fin al racismo); el único que exhibió una camiseta distinta con la frase «Black Lives Matter» fue Hamilton; los seis pilotos restantes permanecieron de pie, y aunque esto generó cierta controversia, todos los pilotos se sumaron a la lucha contra el racismo.

La FIA también lanzó su propia campaña: «We Race As One» (Corremos como uno), una iniciativa para combatir el racismo y alentar la diversidad y la inclusión dentro del serial y en todos los ámbitos. La frase «Corremos como uno» era la versión del siglo XXI de aquella otra que hizo famosa Alejandro Dumas en su novela *Los tres mosqueteros*: «Todos para uno y uno para todos».

La F1 había regresado con una visión más comprometida por las causas sociales en los difíciles tiempos de la pandemia y ya no había marcha atrás. La temporada 2020, que había sido cancelada en el mundo de antes, estaba por estrenarse en el nuevo mundo.

TRES SEMANAS DE JULIO

«Después de semanas tan complicadas y de tanta incertidumbre, por fin llegó la hora de volver a la pista. Estamos preparados y motivados para el arranque. Para ser honesto ya extrañaba correr, así que estoy con muchas ganas de regresar a la competencia y ver qué podemos hacer», escribió Checo en sus redes sociales en vísperas de la primera carrera en tiempos de covid-19.

El viernes 3 de julio, en Austria, volvieron a escucharse los motores de los 20 autos que compiten en la F1. Checo salió a

Impacto del covid-19 en la temporada 2020 de la F1

1 La temporada debía comenzar en marzo, pero se pospuso hasta julio.

2 Iba a ser el campeonato más largo de la historia con 22 GP, pero solo se realizaron 17.

3 Los ingresos cayeron de 2020 millones de dólares a 1140 millones en 2020. Un desplome de 44% en comparación con 2019.

4 Las ganancias de 17 millones de dólares en 2019 se convirtieron en una pérdida de 386 millones.

5 Los pagos totales repartidos entre los 10 equipos cayeron de 1012 millones de dólares en 2019 a 711 millones. Una reducción de 29 por ciento.

6 Quince GP se realizaron en Europa para evitar grandes traslados. Otros dos se corrieron en Medio Oriente, mientras que 13 GP fueron cancelados en América, Asia y Oceanía.

7 Solo hubo tres GP con presencia de público: Toscana (Italia), Sochi (Rusia) y Portimao (Portugal).

8 Las tarifas de promoción de carreras cayeron de 30% de los ingresos de la F1 a solo 12%, ya que se cancelaron varios eventos y los fanáticos no pudieron asistir a la mayoría.

9 Los ingresos de las emisoras aumentaron de 38% en 2019 a 55%, pero los ingresos del sector disminuyeron en general, mientras que los ingresos por publicidad y patrocinio aumentaron de 15 a 17 por ciento.

la pista a demostrar que su auto era más de lo que esperaban todos y en la primera práctica libre quedó en quinto lugar; en la segunda, en tercero. Había que esperar la última práctica, pero sobre todo la prueba de clasificación para saber si su buen desempeño era una tendencia que pudiera reflejarse en una buena posición en la parrilla de salida.

¿Qué posibilidades había de que el piloto mexicano empatara en tiempo con Alexander Albon de Red Bull? Quizá nadie habría apostado por un resultado así, y sin embargo ocurrió.

En la prueba de clasificación, Checo y Albon marcaron el mismo tiempo, pero como Albon fue el primero en cronometrarlo, se quedó con la quinta posición y Checo con la sexta para la arrancada del GP de Austria. «En el futbol esto habría sido un empate», expresó, «pero en Fórmula 1 no; quien marque primero el tiempo se queda con el mejor lugar».

A lo largo de 10 años si algo ha caracterizado a Checo Pérez es su habilidad para remontar posiciones, para venir de atrás; su ritmo de carrera es una de sus mejores cartas y su manejo es tan fino que hace rendir los neumáticos mucho más que cualquiera de sus compañeros. Checo sabe administrar tan bien el desgaste de sus neumáticos que en varias carreras solo ha ido a una parada en pits, cuando la mayoría de los pilotos hace dos.

«Creo que podremos pelear desde el sexto lugar para recuperar algunas posiciones en las primeras vueltas y tener una carrera muy fuerte», señaló al término de la calificación. Sabía que tenía auto para competir por los primeros lugares.

Las luces rojas se apagaron el domingo 5 de julio y comenzó el Gran Premio. Aunque la frase es un cliché, no cabe duda de que Checo dio una gran batalla. «Fue emocionante mientras duró», señaló un periodista del diario *Reforma*, y es que el piloto tapatío acarició durante varias vueltas, hacia el final de la carrera, la posibilidad de llegar al podio como tercer lugar.

Pero una mala estrategia de Racing Point con el cambio de neumáticos le impidió mantenerse entre los tres primeros lugares y terminó en sexto. Aunque el resultado significó el mejor arranque de temporada en toda su carrera, tenía auto para haber llegado al podio y no conseguirlo a causa de lo sucedido sin duda le provocó un mal sabor de boca.

A la semana siguiente Checo repitió la dosis en las prácticas libres. Gran ritmo, buena velocidad, incluso se superó a sí mismo. Fue el más veloz en la primera práctica y quedó en tercer lugar en la segunda. Pero el mundo se le vino encima a la hora de calificar. Momentos antes de comenzar la prueba que definiría la parrilla de salida llovió en el circuito. Con el piso húmedo, el mexicano no pudo encontrar la temperatura adecuada para sus neumáticos y, cuando estaba por hacer una vuelta que le permitiera salir de la primera ronda de eliminación (Q1) y pasar a la Q2, un incidente en la pista obligó a los comisarios a sacar la bandera roja y ya no hubo forma de mejorar su tiempo. Checo quedó eliminado. Su lugar en la parrilla de salida no podía ser más desalentador: largaría desde la posición 17.

Pérez estaba visiblemente contrariado pero apoquinó como todo mexicano que se precie de serlo. Había que esperar al día siguiente. «Tenemos que salir con todo mañana. Teníamos un gran potencial pero así son las cosas. Hay que aprender de los errores. Ahora la cuestión es ver qué podemos hacer mañana, será difícil hacer rebases pero tenemos un buen auto. Vamos a intentarlo todo», declaró.

El domingo 12 de julio las luces rojas se apagaron en el Red Bull Ring y comenzó el Gran Premio de Estiria. Checo logró quitarse de encima los pensamientos funestos por la mala calificación del día anterior, el pesimismo y la desazón. Dejó atrás la jornada sabatina y comenzó la carrera absolutamente concentrado en el aquí y el ahora. Hizo una carrera excepcional. Partió en el lugar 17 y terminó en sexto; en esta ocasión, su equipo en pits respondió con el cambio de neumáticos y estuvo cerca de cruzar la meta entre los cinco primeros. Adelantó 11 posiciones en un circuito en el que no son fáciles los rebases.

El tapatío demostró que tenía toda la intención de hacer que su décima temporada en la Fórmula 1 fuera la mejor de su vida, y sobre todo, que estaba dispuesto a consolidarse como uno de los mejores pilotos de la Fórmula 1 sin que nadie pudiera escatimarle nada. Y es que todavía recordaba que en su primera temporada (2011) la prensa europea fue muy dura con él. En no pocas ocasiones señalaron que era un piloto de «pago», que gracias al patrocinio del empresario mexicano Carlos Slim Domit había logrado obtener un asiento en la máxima categoría, lo cual era falso. Ciertamente siempre ha contado con el patrocinio de Escudería Telmex, Telcel, Claro Video o alguna otra marca de Grupo Carso, pero sin resultados jamás habría podido llegar a la máxima categoría del automovilismo. En 2011 el equipo Sauber le abrió las puertas y en dos temporadas respondió con creces.

Las escuderías se movilizaron a Hungría, donde comenzarían las actividades del siguiente Gran Premio de 2020, el 17 de julio. Con esa carrera se completarían las primeras tres de la temporada. Checo tuvo una gran prueba de calificación y, para beneplácito de sus seguidores, partiría desde el cuarto lugar en la parrilla de salida.

Luego de ver sus actuaciones en las primeras dos carreras de la temporada, en México los aficionados esperábamos que el corredor regresara al podio de un momento a otro, el que se le había negado en la temporada 2019. Teníamos la certeza de que había piloto y había coche. Si Checo hacía lo suyo y ningún otro piloto arruinaba la carrera por algún accidente, las posibilidades para llegar al podio eran más que reales.

El propio Checo no podía estar más eufórico después de la clasificación y en su cuenta de Twitter escribió: «¡Gran trabajo de todo el equipo! De mi parte contento con el 4to. No me sentí bien físicamente durante la clasificación pero aun así un buen resultado para pelear mañana. ¡Vamos por una gran carrera!».

Sin embargo, el público mexicano aficionado de cualquier deporte, nacional o internacional, siempre vive con el Jesús en la boca. La historia deportiva mexicana ha sido cruel; la mayoría de las veces no hay lugar para los finales felices, siempre existe una sensación de que algo malo ocurrirá. Los triunfos alcanzados por nuestros deportistas se viven con el alma en un hilo, porque la historia nos ha enseñado que todo puede pasar y el último minuto también tiene 60 segundos.

El penal marcado a favor de Holanda en el último momento durante el encuentro con México en el Mundial de Brasil 2014; los penales fallados por la selección mexicana frente a Alemania, en Monterrey, durante el Mundial en 1986; la descalificación del marchista Daniel Bautista en los Juegos Olímpicos de Moscú en 1980, cuando estaba a unos metros de cruzar la meta y ganar la medalla de oro. Y así un sinnúmero de ejemplos, incluso el propio Checo Pérez, que en su debut en la F1 tuvo un gran resultado, fue descalificado junto con su coequipero por alguna falta al reglamento cometida por su escudería.

La arrancada de un Gran Premio es el momento más estresante porque todo puede pasar: rebases al límite, carambolas, despistes, accidentes. Desafortunadamente, la arrancada del Gran Premio de Hungría fue un desastre para Checo, su auto no tuvo tracción y perdió varias posiciones. A pesar de sus esfuerzos no logró recuperarse y solo le alcanzó para cruzar la meta en séptimo lugar, detrás de su coequipero Lance Stroll.

«No sé qué pasó. Por el lado de adentro había muy mal agarre. En la arrancada perdí muchas posiciones. La carrera se comprometió en la arrancada. La salida fue muy mala porque no podía traccionar», comentó. Y así el podio se esfumó una vez más.

No obstante, eran apenas tres carreras y sin lugar a dudas para Checo era el mejor arranque de temporada. Había terminado los tres grandes premios dentro de los primeros 10 lugares y sumaba 17 puntos, pero para el automóvil que traía en 2020 nadie podía dejar de pensar que debía mejores resultados.

Luego de un receso de 15 días la F1 continuaría con su temporada covid en Silverstone con dos fechas seguidas. Ahí nació la máxima categoría 70 años atrás, por lo que una de las dos carreras estaría dedicada a celebrar siete décadas de historia en las que estaban escritos los nombres de Ricardo y Pedro Rodríguez, Moisés Solana, Héctor Alonso Rebaque, Esteban

Gutiérrez y el propio Checo Pérez, los mexicanos que habían logrado llegar a la F1 en 70 años.

Checo se preparó para viajar a Gran Bretaña pero de pronto el futuro se presentó sombrío. La FIA anunció que el Gran Premio de México sería pospuesto hasta 2021. A su vez, Checo salió positivo en una prueba de covid. Aunque el mejor momento para enfermarse es no enfermarse, el covid-19 alcanzó al piloto mexicano en el peor momento, no solo porque estaba en plena temporada, sino porque además comenzó a correr una ola de rumores que ponía en duda su permanencia en Racing Point para 2021. Todas las certezas y buenos augurios que tenía al comenzar 2020 parecían esfumarse frente a sus ojos.

EL JUEGO DE LAS SILLAS

«Lo realmente importante es ser feliz, esa es la clave», así lo dijo el piloto alemán Sebastian Vettel en los primeros días de abril de 2020 desde su confinamiento obligado por la pandemia y pensando en su futuro en la F1.

Por entonces era piloto de Ferrari, a la cual llegó desde 2015 con las mejores cartas credenciales y buen ánimo: había sido campeón del mundo cuatro veces consecutivas con Red Bull (de 2010 a 2013), así que su incorporación a Ferrari fue un paso natural dentro de su carrera. ¿Quién no querría correr en la escudería más famosa de la historia de la F1 y quizá obtener un campeonato más?

Pero no le fue bien. En sus primeras temporadas la escudería de Maranello intentó competir contra el dominio abrumador de

Mercedes, pero a lo más que llegó Vettel fue obtener un sub-campeonato y 14 victorias en 101 carreras, al tiempo que la brecha entre los Mercedes y los Ferrari se agigantaba.

El equipo italiano cayó en una crisis y se alejó de la posibilidad de ser de nuevo una potencia en la F1 —al menos por unos años más—. Y de obtener un campeonato de pilotos o de constructores, mejor ni hablar. En 2019 Ferrari firmó a Charles Leclerc como segundo piloto; el joven monegasco llegó con hambre de triunfos y toda la motivación posible, así que a pesar de la crisis de la escudería no tardó en obtener mejores resultados que Vettel, quien cada día se veía menos motivado, más errático y desinteresado por la falta de resultados.

El contrato del piloto alemán con Ferrari concluía al término de la temporada 2020, cuando se atravesó la pandemia y comenzó la danza de las especulaciones y el juego de la sillas. Aún no se corría ninguna carrera de la temporada y los rumores estaban a la orden del día. Más tardaron los diarios en anunciar que Vettel saldría de Ferrari y que Lewis Hamilton ocuparía su lugar para 2021 que los pilotos y las escuderías en desmentirlo.

Entre dimes y diretes, durante todo abril Ferrari y Vettel ratificaron públicamente su cariño mutuo, se descocieron en elogios y reconocimientos. El piloto alemán dijo estar muy tranquilo con los italianos y estos a su vez presumían su talento, su forma amigable de ser, su profesionalismo y compromiso. Pero la primera oferta que presuntamente la escudería del caballo rampante le hizo al alemán para que permaneciera en el equipo parecía haber sido hecha exactamente para que la dejara.

Le ofrecieron un contrato solo por un año, con una reducción de salario debido a la pandemia, y además sería el segundo piloto, ya que Ferrari había decidido apostar por Leclerc, a quien firmaron hasta 2024. Vettel se percató claramente de dónde estaría puesto el corazón de Ferrari para los siguientes años. Para nadie era un secreto que Vettel no continuaría, así que el desfile de nombres para sustituirlo no se hizo esperar.

Aunque no era el primero de la lista, Checo Pérez fue de los pilotos mencionados para sustituir a Vettel. El piloto mexicano había renovado contrato con Racing Point en el verano de 2019 y tenía asegurado su lugar hasta 2022, sin embargo, en su contrato había una cláusula por la cual su escudería lo dejaría libre si era buscado por Ferrari o Mercedes.

«Llevo muchos años en Racing Point», declaró Pérez, «y si llega una oportunidad con los dos primeros equipos me dejarían ir pero no es lo que estoy buscando. Solo pienso que tendremos mucho éxito en los próximos tres años y que será Racing el equipo que más crecerá».

El 12 de mayo de 2020 la prensa anunció que la relación Ferrari-Vettel terminaba. El piloto alemán expresó: «Lo que ha sucedido en estos últimos meses nos ha llevado a muchos de nosotros a reflexionar sobre cuáles son nuestras prioridades reales en la vida. Uno necesita usar la imaginación y adoptar un nuevo enfoque cuando las situaciones cambian. Me tomaré el tiempo necesario para reflexionar sobre lo que realmente importa cuando se trata de mi futuro».

Un mes y medio más tarde, cuando las agitadas aguas de la especulación se habían calmado y todos los equipos se preparaban para iniciar la temporada 2020, Vettel declaró en una entrevista que Ferrari nunca le había ofrecido renovar.

«Fue sin duda una sorpresa para mí cuando recibí la llamada de Mattia Binotto, jefe del equipo, para decirme que no había intención del equipo en seguir juntos. Nunca entramos en negociaciones, nunca hubo ninguna oferta encima de la mesa y por lo tanto no hubo ningún roce».

Entre mayo —cuando aún se veía lejano el regreso de la F1— y mediados de julio, luego de las dos primeras fechas del serial, todo parecía estar en calma al interior de Racing Point. Nadie hablaba de Sebastian Vettel o al menos nadie lo veía cerca de la escudería inglesa porque todo indicaba que estaba satisfecha con sus dos pilotos, a quienes tenía asegurados. A Lance Stroll, porque era hijo del caprichoso patrón, amo y señor de la escudería, y a Checo Pérez, porque lo respaldaba su contrato de tres años.

Pero una vez que comenzaron las carreras, el mercado de pilotos se movió con inusitada rapidez. En el juego de las sillas para la temporada 2021 Carlos Sainz Jr. dejaría McLaren para firmar con Ferrari. Su lugar sería ocupado por el australiano Daniel Ricciardo, que a su vez dejaba a Renault, escudería que anunció el regreso a la F1 del bicampeón del mundo Fernando Alonso.

En vísperas del inicio de la temporada Vettel dijo: «Quiero estar seguro de tomar la decisión correcta para mí y mi futuro. Tengo una naturaleza competitiva, he logrado mucho en el deporte, estoy motivado y dispuesto a conseguir más. Si surge la oportunidad ideal, entonces será fácil, si no es así, entonces quizá tendré que buscar algo más».

No era necesario ser adivino para aventurar lo que ocurriría a continuación. Sebastian Vettel sería un gran fichaje para cualquier escudería. ¿Qué equipos podían presumir de tener a un tetracampeón del mundo? Sin embargo, por el momento no tenía cabida en las escuderías de más prestigio.

Mercedes conservaría a Hamilton y a Bottas; en Red Bull estaban confiados en el futuro de Max Verstappen, su piloto principal, y tenían jóvenes con talento como Alex Albon o Pierre Gasly; MacLaren, que venía en ascenso después de varias temporadas muy mediocres, tenía asegurados a Lando Norris y Daniel Ricciardo, y Renault había apostado por el regreso de Fernando Alonso a la F1 y el confiable piloto Esteban Ocon.

El resto de las escuderías se encontraba a años luz de un desempeño como para figurar en los primeros lugares, así que la única escudería que se presentaba como una opción viable y con un futuro prometedor, porque en 2021 se convertiría en Aston Martin, era Racing Point, y ahí el piloto prescindible era el mexicano.

Estaba por comenzar la tormenta para Checo Pérez.

MALDITO COVID-19

«Fui el primer piloto en contraer el coronavirus», expresó Checo casi un año después de haber dado positivo en la prueba de covid-19. «En ese momento me sentí como el tipo más estúpido de la Tierra porque me había contagiado. Fue muy duro para mí tratar con ello».

Su malestar, su desconcierto y hasta lo avergonzado que debió sentirse tenían su razón de ser. Hasta antes del anuncio de que había dado positivo, la FIA había realizado 5 127 pruebas covid-19 a pilotos, equipos y personal, y todas resultaron negativas.

La FIA había insistido hasta el cansancio en mantener la sana distancia, usar cubrebocas en todo momento, las carreras se realizaban a puerta cerrada, los pilotos ganadores en las prueba de clasificación y en las competencias no podían dar entrevistas sin cubrebocas, y siempre a una distancia considerable de los periodistas.

La FIA logró crear una burbuja de seguridad que fue vulnerada por el mexicano en el peor momento de la temporada para él. El anuncio fue dado a conocer el 30 de julio. Era jueves cuando regresó de un viaje a México y luego a Italia; volvía listo para disputar la siguiente fecha de la temporada que se correría en Silverstone, Gran Bretaña.

Lo que fue una prueba de rutina se convirtió en su peor pesadilla. Con el positivo confirmado, Checo entró en aislamiento obligatorio y dada la evolución de la enfermedad, que bajita la mano se llevaría 15 días —si es que no había complicaciones—, el piloto tapatío se perdería los dos grandes premios en tierras inglesas.

Sí, dos carreras en las que perdería la posibilidad de sumar puntos para el Campeonato de Pilotos y para el Campeonato de Constructores, dos carreras menos en su búsqueda por obtener una victoria, dos carreras en las que estaría ausente y que en el peor escenario podían ser utilizadas como argumento para rescindir su contrato por descuidado, por negligente, por haber puesto en riesgo a su equipo.

El tapatío grabó un video para explicar su situación. A pesar de que resultó asintomático, en su rostro se reflejaba la tristeza, el desconcierto y la impotencia:

Como saben di positivo en covid-19. Estoy muy triste, este es sin duda uno de los días más tristes en mi carrera. Puse toda mi preparación, todo mi enfoque para este fin de semana. Esto solo demuestra lo vulnerables que somos todos ante este virus. Por mi parte seguí todas las recomendaciones de mi equipo, de la FIA. Después de Hungría tomé un vuelo privado para ir a México a ver a mi mamá que tuvo un accidente muy fuerte, estuve ahí unos días y volví a Europa. Me sentía perfecto, me siento perfecto, gracias a Dios no tengo ningún síntoma. De hecho estaba por salir a correr cuando me dieron la noticia. Hoy lo importante es mi salud, salir bien librado de esto y que pronto pueda estar en las pistas. No queda más que cuidarnos muchísimo, no podemos bajar la guardia en ningún momento. Espero pronto estar de vuelta.

Dos semanas antes, durante la semana del 12 al 19 de julio, estallaron rumores que señalaban que Lawrence Stroll, dueño de Racing Point, se había acercado a Sebastian Vettel con la clara intención de ficharlo para 2021, cuando la escudería se transformara en Aston Martin. Y al parecer a Stroll poco le importaba que Checo tuviera un contrato firmado hasta 2022.

A partir de ese momento no hubo un solo día en que no se hablara del posible fichaje del alemán y los rumores no eran descabellados. Durante la semana previa al Gran Premio de Hungría, Pérez tuvo que batirse en dos frentes, en el de la rumorología que estaba a tope, y en el de su preparación y concentración para el siguiente Gran Premio.

Poco importaba la carrera, los periodistas insistían una y otra vez acerca de su posible salida de Racing Point. Checo, hay que decirlo, aguantó candela, mantuvo la calma y dejó que la prensa hablara. En todo momento se comportó institucional. Pero seguramente al finalizar el Gran Premio de Hungría no lo pensó dos veces: quiso alejarse por unos días de los medios y del pesado ambiente que se percibía, así que voló a Guadalajara para ver a su mamá y despejar su mente, relajarse y descansar a costa de su seguridad, la cual descuidó. Bajó la guardia y el covid-19 hizo de las suyas.

En los días siguientes al anuncio de su contagio, varios medios develaron el descuido de Checo que lo llevó a contraer la enfermedad. No había duda de que al terminar el Gran Premio de Hungría el piloto mexicano viajó a Guadalajara para ver a su madre, pero lo hizo en circunstancias difíciles para él.

El 21 de julio varios aficionados vieron a Sergio con su familia y amigos disfrutando algunas horas de esparcimiento en el restaurante Corazón de Alcachofa en la Plaza Andares, en Guadalajara. Se le veía de buen humor y, pese a que la pandemia en México iba en aumento, el piloto se tomó algunas fotografías con fanáticos que se acercaron a él luego de reconocerlo.

De regreso a Europa antes de viajar a Gran Bretaña, el piloto y su familia se tomaron unos días de descanso en Porto

Cervo, no obstante que Italia era uno de los países con mayor número de contagios y fallecimientos a finales de julio de 2020. Su esposa Carola incluso posteó en su cuenta de Instagram algunas fotografías de ambos, mismas que retiró de inmediato una vez que se dio a conocer que Checo había dado positivo a covid.

«Fue muy duro para mí afrontarlo porque también eran momentos muy críticos en mi carrera por lo de mi contrato», recordaría Checo tiempo después. «Al final, perdí mi asiento con mi equipo».

Para acabarla de amolar, como dice la mexicanísima expresión, una semana antes de que diera positivo, la FIA decidió seguir el camino que los canadienses habían marcado al cancelar su Gran Premio. Debido a que en Estados Unidos y Brasil el número de contagios estaba fuera de control, los organizadores cancelaron el resto de los grandes premios en América, incluyendo el de México, que llevaba varios años siendo reconocido como el mejor de la F1.

No podía ser de otra forma, desde semanas antes de que los organizadores del Gran Premio de México y el gobierno de la ciudad anunciaran la cancelación de la carrera, las autoridades de salud habían levantado en una sección del Autódromo Hermanos Rodríguez un hospital para atender el covid-19, porque la capacidad hospitalaria estaba llegando al límite en la capital del país.

Hacia el 24 de julio, cuando se conoció la noticia, México reportaba casi 42 000 fallecimientos, de acuerdo con las cifras oficiales. Como había sucedido con los primeros 10 grandes premios cancelados, las pérdidas económicas en las ciudades sede eran exorbitantes. Ciudad de México no fue la excepción; apenas un año antes el GP de México impuso récord de asistencia acumulada en tres días con 345 694 aficionados, y había dejado una derrama económica de 4 200 millones de pesos. Para 2020 las gradas lucirían vacías y el olor a muerte recorrería todo el circuito.

Checo Pérez lamentó la cancelación porque correr de local era una experiencia inigualable. El público se le entregaba con euforia. Estar en casa con su gente, mostrando al mundo la hospitalidad de los mexicanos, en una fecha que siempre coincidía con la celebración a los muertos que tanto llamaba la atención de los extranjeros, no tenía comparación. Los pilotos de otras escuderías disfrutaban el GP de México entre tacos al pastor, mariachis y tequila; en otros años varios de ellos se habían maquillado como catrinas unos días antes de la carrera.

«Me duele por los fans, por la organización y por todo mi país, pues es siempre la gran oportunidad de mostrar lo grande que somos», expresó Sergio. «Echaré de menos correr en casa y sentir la energía de los fans. Sé que me apoyan en cada vuelta que doy y espero poder darles muchas satisfacciones el resto del año».

Nadie cuestionó la medida. El sentido común dictaba que así fuera. El propio Checo, sin saber que el covid-19 lo acechaba, expresó: «Esto a la vez es una muestra de lo complicada que es todavía la situación de la pandemia en México y de la importancia de cuidarnos los unos a los otros, de mantener distancia y usar cubrebocas, solo nosotros vamos a detener el crecimiento de este problema».

Sin duda, los últimos días de julio y los primeros de agosto fueron días sombríos para el corredor mexicano. Los rumores de que saldría de Racing Point llegaron hasta México y muchos aficionados pensamos que el descuido que lo llevó a enfermarse y a ausentarse de las pistas en dos fechas podría resultarle contraproducente al momento de esgrimir argumentos para permanecer en el equipo.

Después de 15 días de zozobra, el 13 de agosto de 2020 Racing Point escribió en su cuenta de Twitter: «Confirmado: estamos encantados de compartir la noticia de que Sergio "Checo" Pérez ha dado negativo en el test de covid-19. La FIA ha confirmado que Checo puede volver al *paddock* de la Fórmula 1 y competirá por el equipo en el Gran Premio de España este fin de semana».

El mensaje del piloto mexicano fue más escueto: «Feliz de estar de regreso. Gracias a todos por su apoyo. Regresaremos más fuertes». La pesadilla del virus había terminado, pero también había llegado el momento de hacer frente a la miserable realidad que le aguardaba.

CHECO Y UN 2020 DE CONTRASTES

Racing Point le extendió contrato
hasta 2022.

Su nuevo monoplaza era tan competitivo
como los de las principales escuderías.

Por fin pudo ganar
una carrera.

Debutó en el F1 eSports
Virtual Grand Prix.

Ocupó el cuarto puesto
en el Campeonato Mundial de Pilotos.

Consiguió contrato con Red Bull, equipo
contendiente al título del Campeonato
de Constructores.

Terminó saliendo de la escudería
a finales de año.

El auto fue considerado una copia
del Mercedes W10 y se ganó sanciones.

Se cancelaron muchos grandes premios
por la pandemia.

No le fue nada bien, terminó
en el sitio 15.

Eso no importó para que lo echaran
de Racing Point.

Es una escudería con toda
la presión. Ha cortado a pilotos antes
de terminar temporadas.

EL SOLITARIO VIAJE A EUROPA

Tenía que ser con lo justo porque no alcanzaba para más. Toño Garibay tenía toda la fe en Checo y al igual que en su momento lo hizo con Toño, su hijo mayor, había que apostar por Europa.

La Escudería Telmex ya apoyaba a Sergio, poniéndole clara una condición a su padre: que no se metiera más en la carrera deportiva de su hijo y lo dejara en sus manos. Toño Garibay, apasionado de la defensa de sus hijos, de poner alta la mira y de conseguir los recursos necesarios para que siguieran sus carreras a como diera lugar, de repente se pasaba de la raya (cómo olvidar esa mañana en que se quitó la camisa para retar a golpes al presidente de la Federación Mexicana de Automovilismo, cuando el kart de Checo fue retirado de la pista antes de empezar la carrera) y eso la escudería no lo iba a permitir.

El padre de los Pérez lo tomó bien y aceptó la condición, respondiendo que si lo deseaban así, hasta el acta de nacimiento de Checo les podía dar. Fue entonces cuando los directivos de la escudería los empezaron a apoyar. Hay quien piensa que ese presupuesto es generoso e ilimitado, pero no es así: desde su nacimiento en 2001, los encargados de gestionar la Escudería Telmex revisaban con lupa el destino de cada centavo.

Su gran objetivo era impulsar el automovilismo mexicano y desarrollar un piloto que llegara algún día a la Fórmula 1, pero Checo no encabezaba la fila: la primera generación estuvo conformada por nombres del tamaño de Adrián Fernández, Jimmy Morales, Carlos Kuri, Luis «Chapulín» Díaz, Memo Rojas, Piero Rodarte, Luis Javier Pelayo y Ary Fernández, hijo este último del legendario narrador Ángel Fernández.

Así que, como en las parejas, a Checo no le tocó ni todo el dinero ni todo el amor. Eso significaba que la familia Pérez tendría que seguir luchando para cubrir muchos de los gastos que implicaba pelear por un asiento para correr en Europa.

Para entonces, el tapatío había decidido dejar de lado sus aspiraciones de futbolista y concentrarse en su gran objetivo: lanzarse a la aventura de cruzar el charco. Lo que sucedió con él es inusual para un adolescente de 14 años: la obsesión de lograrlo lo animó a hacer cosas impensables, como hablar todos los días a la oficina de Carlos Slim pidiéndole que incrementara su apoyo para ese siguiente paso. Hoy Sergio cuenta que seguramente le ganó por cansancio, para que dejara de dar lata. Pero tenía que convencerlo de ampliar el presupuesto destinado a él porque no era lo mismo estar unos meses en Estados Unidos que irse a vivir a Europa.

Y esa no era la única labor que Checo se había echado a cuestas. Sin saber hablar inglés, marcaba por teléfono a todos los equipos que pudieran darle la oportunidad de correr con el presupuesto más económico. Pese a su personalidad introvertida, Sergio tiene a la hora de pelear una fiereza que sale de algún lado y se atreve, dentro y fuera del auto, a realizar las maniobras más audaces. Era el momento de hacer uno de los rebases más importantes de su vida. Haber sido el piloto más joven en ganar una carrera en la Skip Barber le daba una buena tarjeta de presentación, y era necesario aprovecharla.

Tras hacer cuentas y conseguir dinero de aquí y de allá, Toño Garibay tomó, junto con Checo, la decisión trascendental de avanzar. Una de esas mañanas el auto de los Pérez se enfiló al aeropuerto de Toluca para que Sergio abordara un avión con destino a Alemania. Rodaron lágrimas, abundaron los abrazos y la pequeña figura del aspirante a conquistador del mundo se perdió en los pasillos de la terminal aérea. El boleto era solo de ida y Checo tenía 15 años recién cumplidos.

EN UN LUGAR DE ALEMANIA

Ese año 2005 marcaría el encuentro con una realidad desconocida: dejar el calor familiar, la complicidad de los amigos y el sabor de la comida favorita para cambiarlos por una experiencia solitaria y difícil. Una de sus llamadas telefónicas a las dos de la mañana había dado en el blanco: uno de los equipos más modestos de la Fórmula BMW de Alemania le abría sus puertas: el 4 Speedmedia. Su sede estaba en una pequeña población de menos de 10 000 habitantes llamada Vilsbiburg, a una hora de Múnich. El equipo no tenía fábrica. Solo contaba con un garaje y el precio del asiento era de unos 150 000 euros, lo que era una ganga. Checo había logrado un buen arreglo.

El dueño de la escudería tenía un pequeño restaurante en el que Sergio ayudaba con algunas labores. Una de ellas, cocinar postres, lo que le vino a la medida por la enorme afición que tiene hacia ellos. Más de una noche la durmió sobre los costales de harina, que según los entendidos tienen la virtud de amoldarse con suavidad al cuerpo. Por lo menos es una manera positiva de ver las cosas.

El restaurante tenía una habitación en la parte superior en la que Sergio vivió durante su primer año en Alemania. Contaba con una cama, una mesita que servía de escritorio para poner su computadora y una lamentable conexión a internet. Cuando algún amigo llegaba a visitarlo, tenía que dormir en el suelo o bien cederle su cama para bajar a dormir a los cómodos sacos de harina en la bodega del restaurante.

La estancia en Vilsbiburg le hizo pasar jornadas muy largas. No tenía con quien charlar, con quien salir a caminar ni a quién contarle sus inquietudes. Vivía cerca de la estación de trenes y con frecuencia visitaba al vendedor de boletos, que también tenía muchos ratos muertos. Como podía, se daba a entender y así mataba algunas horas del eterno día. Había una pista de go karts cerca de ahí y esa era otra de sus pocas distracciones: iba a correrlos cuantas veces podía, pero eso también costaba.

Cuando había una fecha del serial, era día de fiesta. Checo se subía con el dueño del equipo a la camper y se trasladaban

EL SOLITARIO VIAJE A EUROPA

juntos al circuito donde se fuera a correr la fecha del fin de semana. Era ese su gran motivo y recompensa. Pasaba en promedio 15 días solo, al cabo de los cuales venía una nueva carrera.
Esas dos semanas eran habitualmente el intervalo entre una y
otra. Toda la gente del serial se asombraba de que alguien tan
joven se subiera a un auto de carreras de esa potencia.

Lo que no sabían es que Sergio había mentido acerca de
su edad. Excepcionalmente, en la categoría se aceptaban pilotos de 15 años siempre y cuando, antes de terminar la temporada en curso, cumplieran los 16. Nacido el 26 de enero de
1990, Sergio se hizo pasar como nacido en diciembre, porque
ese mes de diferencia le permitía correr con un año menos de
edad toda la temporada. Registros de varios medios especiali-
zados le acreditan hasta la fecha que nació en diciembre, pero
la verdad es que era un «cachirul» al revés: se las ingenió para
hacerse pasar por alguien de mayor edad de la que tenía.

La mentira era suya y solo suya; no necesitó cómplices
para concretarla y subirse a un auto de la Fórmula BMW. Por
supuesto que había un riesgo muy alto: si su equipo se hubiera
enterado, no solamente sería descalificado, también se habría
quedado sin licencia. Checo lo sabía y decidió jugársela de esa
manera. Hoy dice que mira a ese niño de 15 años y no com-
prende del todo esas ganas y pasión gigantescas. Pero tanta
picardía debía ser correspondida con resultados y en su primera
carrera logró el podio. Era la fecha inaugural de la temporada en
el circuito de Hockenheim. Se corrió sobre pista mojada y Checo
terminó en segundo lugar. El debut no podía ser más venturoso.

En las 19 carreras en que participó ese primer año mostró
talento y pasta. Eso le permitió cambiar a un equipo de mejor

presupuesto para el segundo año: el Mücke Motorsport, también conocido como la escudería ADAC Berlín-Brandenburgo. Esa denominación revela algo importantísimo: Checo tenía que mudarse a Berlín, la trepidante capital de Alemania, lo que significó un cambio trascendental. Ya no vivía en esa pequeña población en la que no había nada que hacer salvo correr karts y charlar con el boletero de la estación de tren, ni tampoco tenía que hacerlo en la accesoria de un restaurante.

En Berlín, el tapatío ya vivía en un departamento un poco más grande que compartía con un compañero de cuarto y tenía un auto para moverse en la ciudad: un Escort bastante cacheteado, pero con el que se trasladaba en un lugar que ofrecía mayores posibilidades de distracción. No es que alguien le hubiera puesto una alfombra roja y le hiciera la vida fácil a partir de ahí, pero claramente era un mejor lugar para estar.

La templanza de Sergio fue puesta a prueba mil veces porque no había manera de dejar de extrañar su tierra y a los suyos. Una de esas tardes en que los minutos pasaban lentamente habló por teléfono con su hermana Paola. Su compañero de habitación se había mudado y Checo se había quedado solo. Estaba muy triste.

Le dijo llorando que no resistía más y que se iba a regresar a México al día siguiente porque la soledad se lo estaba comiendo. Paola lo convenció de que aguantara y le prometió que ella iría inmediatamente a acompañarlo. Más tranquilo, terminó la llamada y colgó el teléfono. Esa misma noche su hermana tomó un avión y llegó al día siguiente a Berlín. Checo no estaba en al aeropuerto para recogerla y ella le telefoneó como pudo.

«¿No que estabas tan mal? ¿Cómo es que no viniste por mí al aeropuerto?», le reclamó Paola.

Sorprendido, Sergio le contestó que no había ido porque pensó que se trataba de una broma. En ese momento salió corriendo a la terminal aérea y al arribar a ella se fundió en un abrazo eterno con su superhermana, que había llegado al rescate. Ese fue un alivio oportunísimo que le hizo respirar y ver las cosas de otra manera. Con el tiempo, Paola se convirtió en la representante de Sergio, lo que ninguna mujer había logrado hasta entonces en el mundo de la Fórmula 1.

ADRIÁN FERNÁNDEZ, EL TÍO ENTRAÑABLE

Como quedó apuntado, Adrián Fernández fue una imagen fantástica para la inspiración de Sergio Pérez. Lo conocía desde muy pequeño porque Toño Garibay trabajaba con él y se llevaba a sus hijos a varias de sus carreras. De hecho, en su oficina había un maniquí de Adrián perfectamente ataviado con su nómex, su casco y sus botas. A Checo le encantaba estar en esa oficina porque, mientras imaginaba una carrera y la narraba haciendo ruidos de motor en rebases peligrosísimos, se conectaba con el muñeco de Adrián en una especie de ensoñación.

Solía sentarse en un sillón de la oficina en el que alguna vez, tanteando mientras su mente se ocupaba de una nueva carrera, encontró una pistola que por descuido estaba ahí. Con la curiosidad de un niño de ocho años, tomó el arma y se preguntó qué pasaría si jalaba algo que, después supo, se llama gatillo. No se quedó con la duda y lo accionó. La explosión producida por el disparo hizo correr a todos los presentes hacia el privado de Toño Garibay temiendo lo peor. Ahí estaba Checo, aturdido por el ruido y la sorpresa. Afortunadamente la bala no había salido en dirección a él. Se incrustó en una de las paredes, dejando ileso al piloto soñador.

La idolatría de Sergio hacia Adrián, como buena parte del país también la experimentaba, no terminaría ahí. El tío Adrián fue importantísimo en el desarrollo de Sergio en Europa. Piloto legendario del automovilismo mexicano, tampoco la había tenido fácil para triunfar. También pasó noches en vela en el viejo continente, comiendo lo que se pudiera cuando se podía y a veces sin un centavo en la cartera.

En algún momento Adrián fue a pasar dos semanas con Checo para ver cómo rodaban las cosas y encontró que tenía que ayudarle con un curso intensivo de hábitos personales. Para empezar, literalmente, le enseñó a comer. Revisaron juntos la alacena del departamento y Adrián le dijo qué servía y qué debía tirar a la basura. Le enseñó a hacer pastas y ensaladas, lo llevó al supermercado a hacer compras, colocando en el carrito solamente alimentos sanos, de acuerdo con lo que un deportista de alto rendimiento necesita en su organismo. Le quitaba de las manos la lata de mermelada o el postre que Sergio ya había elegido y los regresaba al anaquel.

Fernández siempre fue metódico en su manera de prepararse y sus enseñanzas fueron muy importantes. Instruyó al tapatío sobre cómo organizar su ropa, la manera de colgar en el clóset las camisas y la forma de empacarlas para que no llegaran arrugadas en los viajes, que para un piloto son incontables.

Le ayudó también a organizar su agenda porque sus compromisos iban a ser cada vez más y requería mucho orden para cumplir con todos ellos.

Alguna vez en el circuito de Spa-Francorchamps, durante el *hospitality* de Mercedes, le hizo observar cómo se comportaban los pilotos. Quiénes eran amables y se detenían para firmar un autógrafo o para tomarse una fotografía. O quiénes se seguían de largo como si fueran los reyes del mundo. Después de tomar nota de ello, le dijo que en la Fórmula 1 todo es más complejo.

«Tienes muy pocas posibilidades de que se te acerquen los fans. Es distinto a lo que sucede en la K, donde todo el mundo te seguía. Sé amable y firma todos los autógrafos que puedas aunque hayas tenido un mal día. Eso te hará más humilde y más grande. No tienes que ser un sangrón».

Otro personaje que le ayudó a Sergio Pérez en la dura escalada hacia la cumbre es Fernando Plata. Hombre maduro ya, Plata fue un gran piloto que en sus épocas al volante destacó tremendamente y se fue a Europa, apoyado por Alfredo Terán, un célebre empresario de Guadalajara.

Participó en varias fechas de la Fórmula 3 inglesa y encarnó el intento más serio de llegar a la máxima categoría antes de Checo Pérez. Lo distinguían su mayúsculo profesionalismo y su declarada aversión al alcohol y al tabaco. Nunca pudo dar el salto a la Fórmula 1, porque se necesitaba mucho dinero y también enormes capacidades al volante. Midió las dificultades de enfrentarse a los mejores del mundo y supo de la práctica imposibilidad de superarlos. Regresó a México con un conocimiento extraordinario gracias a esa experiencia y, además de que siguió corriendo con el equipo Canels en las fórmulas nacionales, se convirtió en un espléndido asesor.

La Escudería Telmex lo contrató para el desarrollo de nuevos valores y con Checo tuvo una identificación múltiple: ambos son tapatíos, ambos tenían en un momento determinado de su vida el mismo sueño y ambos son discretos y dedicados a lo suyo. La Escudería Telmex ha trabajado muy bien el acompañamiento personal a sus pilotos en los momentos de formación. Fernando se ocupó de varios pilotos y parte del desarrollo de Sergio se debe a él. Centrado, maduro e inteligente, supo advertirle de los peligros que podía correr fuera de la pista y de las cosas que debía cuidar para tener una vida ordenada.

A DIOS ROGANDO Y CON EL MAZO DANDO

En el mundo del automovilismo, como en cualquier orden, existen dos maneras de rodar: sobre la terracería y la de los caminos pavimentados. A estos últimos pertenecen quienes nacieron con el don, quienes desde la cuna tenían talento natural para sobresalir y luego el entorno se encargó de afinar: genios del volante como Nikki Lauda, Ayrton Senna, Lewis Hamilton o el propio Max Verstappen. Quienes transitan los de terracería van aprendiendo más gracias a su deseo: no tuvieron esa magia innata, pero la fueron desarrollando.

Cuando Sergio se decidió verdaderamente por el automovilismo, ya había adquirido las herramientas indispensables para ser el mejor entre los suyos. No existía alguien de su edad o aun mayor que él capaz de verle el polvo. Pero, a partir de su incursión en la Fórmula BMW de Alemania, tuvo que aprender día a día y poner en práctica sus nuevos conocimientos. Entre los valores adquiridos tenía uno muy importante: le interesó la mecánica desde el primer día por esa curiosidad que tiene de saber cómo funcionan las cosas.

Desde muy pequeño se hizo amigo de los mecánicos de su equipo y les preguntaba por qué esto, por qué aquello. A la gran mayoría de los pilotos se les ve sentaditos en sus autos, escuchando música con sus audífonos puestos y aislándose de los ajustes al motor o a los frenos, mientras sus mecánicos trabajan como locos para tratar de arreglar el carro o para ponerlo a punto.

Checo no. Siempre estuvo pegado a su mecánico, aprendiendo lo que le estaba haciendo al coche. Eso, así como sucedió con el excelente manejo de neumáticos, es un conocimiento adquirido conscientemente: cuanto mejor conociera su auto, más sabría controlarlo y diagnosticar a 250 kilómetros por hora los problemas que tendría que ayudar a resolver. Sergio es el primero en levantar la mano en esas cosas porque es machetero, disciplinado; es una de esas hormiguitas que jamás descansan aunque sepan del gran peso que traen encima: han de llegar como sea a su destino.

El 2007 marca un nuevo grado de avance en su carrera y también en las exigencias: ingresa a la Fórmula 3 Británica. Fue esa una de las categorías de promoción más importantes del mundo. De ahí surgieron pilotos del tamaño de Jim Clark, Jackie Stewart, Ayrton Senna, Mika Häkkinen, Rubens Barrichello y Daniel Ricciardo.

Pese a que se corrían seriales similares en otras partes de Europa, como Italia, Alemania y Francia, el británico era más sólido e importante. Además de los pilotos del Reino Unido, era común ver a grandes prospectos de los países nórdicos y de Latinoamérica con marcado acento brasileño. Era una categoría en la que se reunían pilotos de muy variadas nacionalidades.

Corriéndose en Inglaterra, lugar en que tiene su sede la mayoría de equipos de la Fórmula 1, favorecía además el contacto entre pilotos y escuderías. Años más tarde el incremento en los costos y las alianzas entre otros seriales diluyeron la importancia de la Fórmula 3 Británica, que dejó de disputarse después de 2014, cuando se unificaron todos los campeonatos en la llamada Clase Nacional.

Pero cuando Checo se presentó en ella para la temporada 2007, echaba chispas y los reflectores apuntaban hacia él. Sus números fueron impresionantes: ocupó el podio en 19 de 21 carreras, llevándose 14 victorias y el primer lugar de su categoría con 376 puntos. Los resultados lo ayudaban a tener más patrocinios, como el de InterProtección, y ya vivía en Oxford junto con otros ases del volante que participaban en el serial. Coincidió también un tiempo con Salvador Durán, otro gran piloto que intentaba dar el salto. Esas compañías le hacía mucho más grata la estancia.

Sergio subía de nivel y aprovechaba, como los demás, que la fábrica de su escudería, T-Sport, estaba cerca de la sede de Honda —hoy está ahí la Mercedes Benz—, en el pueblo de Brackley, a tiro de piedra del mítico circuito de Silverstone. Era una zona en la que existía el «efecto Medici»: hablar, respirar y trabajar en el automovilismo deportivo elevaba el nivel de todos los involucrados, tal como en el siglo XV sucedía con el arte y la cultura en Florencia, Italia.

Ese ambiente de Fórmula 1 favorecía la interacción de Checo con otros pilotos: se iba a jugar futbol con ellos en los ratos libres, compartían en el gimnasio o simplemente salían a correr. Poco a poco la soledad se alejaba de Sergio, aunque habría de librar otras batallas a las que ya llegaremos. No cabían los lujos, pero el estilo de vida era mucho más estable y agradable. Ahí trabó amistad con Niko Hülkenberg, que era uno de los pilotos con quien coincidió.

Su segunda temporada en la Fórmula 3 Británica no fue tan exitosa: terminó en cuarto lugar con cuatro victorias y siete podios en 22 carreras, pero seguía acumulando experiencia y relaciones. De 2008 a 2010 alternó los seriales de Europa y Asia de la GP2 Series, que estaban viviendo sus primeras temporadas. La exigencia de los autos, la necesidad de conocerlos a la perfección para poder dominarlos y el escalón superior al que había ascendido motivaron que Checo tuviera otro gran cambio.

Todos los consejos recibidos para mantenerse en excelente forma física se consolidaron. Sergio cambió su figura a veces regordeta por la de un atleta de primera línea. Tenía que mantenerse fuerte para dominar la tensión en el cuello y en los brazos, y ligero para reaccionar ante lo impensado. Se convirtió en alguien celoso de su dieta y de los cuidados necesarios para que su peso no constituyera un obstáculo en la competencia.

Desfiló en diferentes equipos durante su estancia en la GP2 Series, aprovechando que los campeonatos europeo y asiático se corrían en fechas alternadas. En 2008 y parte de

2009 corrió para Barwa Addax Team, que apareció luego de que el político y empresario español Alejandro Agag comprara la escudería que pertenecía a un expiloto valenciano de Fórmula 1, Adrián Campos. Y en 2009 también alternó un asiento en Europa con la escudería Arden International, fundada en 1997 como Arden Team, en Banbury, Inglaterra, por Christian Horner junto con su padre. Vale la pena detenerse un poco en Christian, célebre y muy importante en la máxima categoría del automovilismo.

Horner nació en 1973 y fue piloto tanto de la Fórmula 3 Británica en 1994 como de la Fórmula 3000, unos cuantos años más tarde. Fundó después su propia escudería, Arden Team, en la que llegó a trabajar con Checo Pérez como piloto, por lo que lo conoce a la perfección. A partir de 2005 fue contratado por la entonces nueva escudería Red Bull, con la que se convirtió en el jefe de equipo más joven en ganar un Campeonato de Constructores de la Fórmula 1, llevándose todo de 2010 a 2013. Además de ser conocido porque recibió la Orden del Imperio Británico en 2013 y por casarse en 2015 con Geri Halliwell, una de las Spice Girls, su trayectoria en la máxima categoría es intachable. Sergio Pérez y Chris Horner se cruzarán un poco más adelante de manera crucial para el piloto mexicano.

Volviendo al tema, para Checo no todo en la GP2 fue feliz. Aunque se empezó a codear con los de adelante en la fila, tuvo también una campaña muy difícil, que fue la del campeonato asiático de 2009. Terminó en el lugar 15 con solo cinco puntos y apenas cuatro carreras disputadas. Se especuló que todo podía terminar ahí, que los apoyos se iban a terminar, pero la verdad es que solo se trataba de una campaña de ajuste como la que sufre cualquier piloto. En el capítulo europeo terminaría en la quinta posición y volvió a tomar rumbo hacia adelante.

Sus buenas actuaciones y el oficio de sus mentores, entre quienes sigue apareciendo en capítulos puntuales Toño Garibay, lograron algo extraordinario: un lugar en la Academia de Pilotos de Ferrari. Varios hechos importantes ayudan a construir ese prestigio. En la GP2 había ganado en Mónaco, un circuito que exige una precisión de relojero por lo peligroso de sus muros. La pericia de Checo le hizo brillar de manera rutilante. En Spa-Francorchamps de Bélgica la dificultad estriba en que se trata de una carrera muy larga con un circuito eterno de siete kilómetros, y Sergio logró ahí una *pole position* y una victoria.

En 2010 fue subcampeón del serial detrás de Pastor Maldonado. Ambos estaban listos para abrazar la Fórmula 1, que parecía dispuesta a darles esa oportunidad. La posible entrada al gran circo era el final de un camino accidentado y lleno de esfuerzos humanos y económicos, pero ahí empezaría seguramente lo más duro. ¿O de verdad con el apoyo de la Escudería Telmex y sus demás patrocinadores sería suficiente para tomar un volante en la categoría más importante del planeta?

EL CAMINO DE CHECO HACIA LA FÓRMULA 1

Easy Kart 125cc Shootout

Master Kadets

Shifter 125cc

Karting

Shifter 80cc

2003

1998

2000/2001

1996

1999

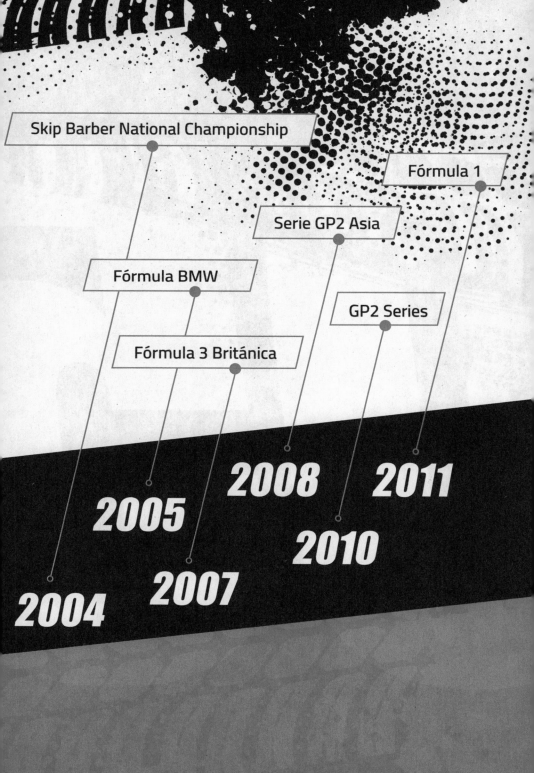

Skip Barber National Championship

Fórmula 1

Serie GP2 Asia

Fórmula BMW

GP2 Series

Fórmula 3 Británica

2008

2011

2005

2010

2007

2004

LA TRAICIÓN

«Nunca hubiera imaginado estar tanto tiempo con el equipo», expresó en una entrevista Checo Pérez. «Porque prácticamente, hasta ahora, cada año era una renovación anual, un contrato año por año». Era mayo de 2020 y aún se miraba incierto el futuro de la temporada de la F1, aunque las noticias sobre la posibilidad cada vez más real de iniciar el serial aparecían todos los días en la prensa. Por entonces el piloto mexicano se encontraba en confinamiento como todo el mundo —literalmente—, ansioso por volver al volante, pero sobre todo con la tranquilidad de que, cualquiera que fuera la decisión de la FIA sobre la temporada 2020, su asiento en Racing Point estaba garantizado hasta 2022.

Tres años parecían pocos pero no lo eran. En la F1 compiten 10 escuderías; cada una cuenta con dos pilotos, por lo que solo hay 20 asientos disponibles por temporada. Algunas escuderías tienen filiales; AlphaTauri —antes Toro Rosso— es la filial de Red Bull Racing y en ella forman a las jóvenes promesas que a la larga podrían ocupar un asiento en el equipo principal. Otras escuderías como Ferrari cuentan con su academia de pilotos para impulsar el talento. Los equipos también tienen en sus filas pilotos de reserva, como lo fue el mexicano Esteban Gutiérrez en Mercedes hasta 2021.

El camino para llegar a la F1 es largo y está lleno de obstáculos; la genialidad garantizó su lugar —de manera natural— a pilotos como Ayrton Senna, Michael Schumacher, Fernando Alonso, Sebastian Vettel, Lewis Hamilton y Max Verstappen, pero son garbanzos de a libra, las leyendas no se dan en maceta.

La mayoría de los pilotos comienzan siendo apenas adolescentes y corriendo karts, si tienen talento y recursos propios avanzarán por distintas categorías. Con algo de suerte —el retiro de algunos pilotos, rescisiones de contratos, cambio de dueños en las escuderías— y con algún patrocinio considerable, los mejores tienen oportunidad de llegar a la máxima categoría.

Así ocurrió con el piloto venezolano Pastor Maldonado, campeón de la GP2 Series que debutó con Williams en la F1 en 2011 junto con Checo y durante cinco años contó con el apoyo de los presidentes Hugo Chávez y Nicolás Maduro. Le metieron un buen patrocinio a través de la compañía Petróleos de Venezuela (PVDSA), pero una vez que comenzó la crisis económica, y ante la falta de buenos resultados, Maldonado dejó la máxima categoría.

Checo llegó por méritos propios, apoyado por Escudería Telmex, que desarrolla pilotos para distintas categorías, y desde su debut en la F1 en 2011 demostró que era un piloto fino, confiable y comprometido pero nunca tuvo su futuro asegurado. Por eso haber llegado a su décima temporada en la máxima categoría era un logro inmenso, nadie le había regalado nada.

«Cada año pensaba que iba a ser el último, que cambiaría de equipo la siguiente temporada», comentó Checo. «Pero mirando hacia atrás, ha sido increíble el viaje que hemos tenido. Tuvimos algunos altibajos, pero sí, hemos sido tremendamente exitosos».

El anuncio del contrato de Checo Pérez con Racing Point por tres años fue un respiro para el piloto y una alegría inmensa para los aficionados mexicanos. Para nadie era un secreto que, a pesar de los problemas económicos que el equipo había atravesado en su transición de Sahara Force India F1 Team a Racing Point, la escudería iba en ascenso en su desarrollo tecnológico y sus autos se presentaban cada vez más competitivos.

El contrato multianual significaba certeza para Checo; el piloto mexicano sabía que su única preocupación durante los siguientes tres años sería mantener su nivel, obtener buenos resultados, ratificar que era el primer piloto de la escudería, a pesar de que su coequipero Lance era hijo del dueño, y ayudar a llevar a Racing Point al siguiente nivel de competitividad.

DEPORTE FIFÍ

Pobres de los aficionados mexicanos al automovilismo, tan lejos de la F1 y tan cerca del Tren Maya. No, no es una broma.

Desde finales de 2018, futuros miembros del gobierno de la Cuarta Transformación (4T) que estaba por ocupar el poder, sin conocimiento de causa y nomás por llenarse la boca, comenzaron a sumarse a la idea de que la Fórmula 1 ya no debería correrse en México porque era un espectáculo deportivo para fifís al que el pueblo bueno no tenía acceso. Había que apostar por los mayas.

Desde antes de la toma de posesión del presidente Andrés Manuel López Obrador, el 1º de diciembre de 2018, corrió el rumor de que el nuevo gobierno le retiraría su apoyo económico a la organización del GP de México, lo que significaba que quizá el Gran Premio de la temporada 2019 sería el último. Ahí terminaba el contrato por cinco años que se había firmado con Liberty Media, la empresa dueña de los derechos de la F1 para la organización de grandes premios y su transmisión. Era el momento de ratificar y extender el contrato.

La primera que abrió la boca sin tener idea de nada respecto a la F1 fue Ana Gabriela Guevara, la otrora velocista olímpica que le dio por la política y estaba por dejar el Senado para hacerse cargo de la Comisión Nacional de Cultura Física y Deporte, la famosa Conade, donde tiempo después demostró su talentosa incapacidad para guiar el deporte mexicano. «No me disgusta el tema de la Fórmula 1», señaló Ana Guevara, «pero me parece que es demasiado dinero [...] hay que definir algo: ¿cuál es la labor como autoridad? ¿Generar eventos y espectáculos deportivos o llevarle el deporte a la gente?».

Nadie le había pedido su opinión pero estaba de moda hablar de la austeridad, del pueblo bueno, de que el nuevo gobierno no sería como los de antes. Declaraciones facilonas que

vendían mucho, así que la F1 sirvió de blanco para sus frustraciones.

En febrero de 2019, en una de sus mañaneras, el presidente López Obrador le entró al tema: «Vamos a seguir apoyando
todos los deportes, pero con austeridad, sin que haya excesos,
sin derroches. Si la Fórmula 1 no implica dinero, yo la avalo».

Entre dimes y diretes, de pronto se dio por hecho que ni la
F1 ni el juego anual de la NFL tendrían cabida en el México de
la 4T para los siguientes años. La jefa de Gobierno de Ciudad
de México, Claudia Sheinbaum, no tardó en salir ante los medios
a confirmar que para 2020 no habría recursos para la F1, ya
que los 400 millones de pesos que el gobierno destinaba para
la organización del Gran Premio serían utilizados para la construcción del Tren Maya.

Fue una noticia desalentadora; era la tercera vez que teníamos Fórmula 1 en México y en las dos ocasiones anteriores
(1962-1970) y (1986-1992) el GP de México salió del calendario por razones de orden, logística y política. En 1970 se corrió el último Gran Premio de la primera etapa debido a que
los organizadores no pudieron controlar a una turba que entró
al autódromo por sus pistolas —el clásico portazo— e inva-
dió los bordes de la pista en algunas secciones, poniéndose en
riesgo y poniendo en riesgo a los propios pilotos; el corolario
fue que un perro callejero en la zona de curvas se lanzó contra el auto del campeón mundial Jackie Stewart, pero le falló el
cálculo y fue atropellado. El auto del escocés quedó averiado y
tuvo que abandonar la carrera.

En 1992 fue peor: ya con las escuderías en México, a unos
días de la carrera, el entonces regente de la ciudad, Manuel

Camacho Solís, amagó a los organizadores con suspender el Gran Premio debido a que había contingencia ambiental y sostenía que los autos F1 contaminaban más que los autobuses de la Ruta 100. Lo cierto es que Camacho Solís quería posicionarse como ambientalista. Finalmente se corrió el Gran Premio, pero la FIA no quiso volver a pasar por semejante sainete y le dio las gracias a México. Ya no hubo carrera en 1993.

Pasaron 23 años antes de que la F1 volviera a nuestro país en 2015, y regresó con un éxito inusitado, alentado en buena medida por la participación de Checo Pérez en la máxima categoría. No hubo un solo fin de semana en que se corriera el GP de México en el que el autódromo no agotara sus localidades, con asistencia de más de 300 000 personas en los tres días del evento.

El Gran Premio de México fue elegido el mejor de la temporada durante cuatro años consecutivos —lo sería una vez más en 2019— por la logística, la organización, la hospitalidad y el ambiente del público. Si bien es cierto que el gobierno destinaba 400 millones de pesos del erario, la derrama económica, al menos de 2015 a 2017, fue de 23 000 millones de pesos, es decir, una ganancia casi de 600% sobre los recursos públicos.

Es un espectáculo deportivo en el que todos ganan por la creación de empleos directos —hasta 8 000—: la afición que se entrega con pasión, los empresarios que invierten su dinero y el gobierno de Ciudad de México, que muestra al mundo la capital del país como un atractivo turístico imperdible. Pero nada de eso importó. Los comentaristas al servicio del gobierno sostenían una serie de estupideces de antología: que era un espectáculo fifí, de gente blanca, clasista por el costo de los boletos, que imperaba la pigmentocracia pues todos los asistentes eran güeritos y de ojo verde. Sin lugar a dudas su ignorancia era gigantesca y no se habían parado en un Gran Premio en su vida.

La noticia dio la vuelta al mundo. Lo de menos era que los recursos que el gobierno aportaba se fueran al Tren Maya, la refinería de Dos Bocas o alguno de los elefantes blancos del nuevo gobierno, lo grave era que el GP de México quedara fuera del calendario oficial para los siguientes años y quizá para siempre.

Checo Pérez lo sabía y, no sin cierta desazón, expresó: «Realmente espero que podamos mantener la carrera. Nos costó mucho conseguir un lugar y ahora, si lo perdemos, creo que probablemente será el final. Tendremos que esperar otros 30 o 50 años para recuperarlo. Creo que es una gran exposición para el país tener un Gran Premio, será una pena si realmente lo perdemos. Las últimas cuatro carreras han sido las mejores. Hay tantos países que quieren un Gran Premio, así que una vez que México pierda su sede, creo que será muy difícil recuperarlo por muchos años».

Aunque la 4T parecía dispuesta a destruir todo lo que gobiernos anteriores habían logrado pauperizando los espectáculos de distinta índole, en los siguientes meses los organizadores del GP de México, principalmente la empresa CIE, junto con Telcel/Infinitum y CitiBanamex entre otros, lograron involucrar a la iniciativa privada y salvar el escollo.

En agosto de 2019 la jefa de Gobierno de Ciudad de México anunció que el GP de México seguiría hasta 2022, con la posibilidad de extender el contrato por dos años más. Sin duda no aceptó firmar de una vez cinco años porque, con seguridad, utilizará la presencia de la F1 en México como moneda de cambio al aproximarse la sucesión presidencial en 2024. Lo curioso de todo fue que, al realizarse el GP de México en 2019, muchos de los seudocríticos que se oponían a su realización por ser un espectáculo fifí asistieron, se tomaron selfis en los mejores lugares del circuito, caminaron por los pits y callaron.

La ratificación de México como sede de la Fórmula 1 para los siguientes tres años ocurrió unas semanas antes de que Checo anunciara su contrato con Racing Point también por los siguientes tres años. Los astros parecían alinearse a favor del piloto y de la afición mexicana. Tendríamos Gran Premio para rato y a Checo Pérez corriendo en el Autódromo Hermanos Rodríguez con Racing Point. ¿Qué podía salir mal?

EL REY MIDAS

Todo comenzó con un «contacto informal», según dijeron. Algo casual, nada planeado, algunas risas, una que otra broma. Una charla entre amigos, así como inician los *thrillers* del cine antes de que comience el suspenso. El 17 de julio de 2020 apareció en los diarios una declaración de Sebastian Vettel. Señalaba que todo lo aparecido en la prensa sobre un supuesto fichaje con Racing Point para la temporada 2021 eran rumores.

«Bueno, creo que los rumores se llaman rumores por algo. Si me preguntas sobre Racing Point, todo el mundo habla de ellos. Sus dos primeras carreras han sido impresionantes en cuanto al rendimiento en la pista, pero cuando se trata de mí no hay noticias, nada que haya cambiado en una semana». Es posible que todo hubiera seguido acorde a los planes que Lawrence Stroll delimitó para Racing Point cuando compró la escudería: transformarse en Aston Martin, continuar con Checo Pérez y con Lance Stroll hasta 2022, y alcanzar la tercera posición en el Mundial de Constructores en ese lapso.

Es difícil imaginar cómo dirían los canadienses o los ingleses «no da paso sin huarache», pero lo cierto es que Lawrence Stroll no lo daba. Su ingreso a la F1 no fue un capricho de ricachón. Para muchos es una especie de rey Midas de las inversiones. A sus 62 años se encuentra entre las 1 000 personas más ricas del mundo de acuerdo con la revista *Forbes*.

El anuncio de que Sebastian Vettel saldría de la escudería Ferrari para la temporada 2021 hizo que le brillaran los ojitos al ambicioso Stroll, que había llegado a la F1 con millones de euros por delante, no solo para adquirir a la maltrecha Force India, sino para desarrollar todo un plan de expansión que concluyera con la formación de la escudería Aston Martin en 2021.

Stroll le otorgó al equipo hasta 40% más de presupuesto para garantizar que no perdiera su eficiencia, maximizara los recursos y avanzara hacia la siguiente etapa de desarrollo. Luego del anuncio de que Sebastian Vettel no tenía escudería para la siguiente campaña, Stroll se imaginó la escena perfecta como una visión que se revelaba ante sus ojos: una escudería con el famosísimo nombre Aston Martin —con todo el bagaje histórico que tenía— más el fichaje de un piloto cuatro veces campeón del mundo. Serían la mancuerna perfecta para su proyecto, por lo que valía la pena soltar dinero a diestra y siniestra para asumir el costo de la rescisión anticipada del contrato de Checo Pérez y cubrir el nada modesto salario que con seguridad exigiría Vettel por firmar con Racing Point. A la larga, Stroll reconoció que el piloto alemán era su empleado más caro.

Nadie sabe para quién trabaja y Checo Pérez metió al lobo en el gallinero. Desde luego no lo sabía, hasta que lo supo. En 2018 la escudería Force India estaba al borde de la quiebra; el dueño del equipo, Vijay Mallya, debía varios meses de sueldo a sus pilotos y a la gente del equipo. Checo se lanzó al ruedo y lo demandó para obligarlo a declarar la bancarrota y así abrir la posibilidad de que entraran inversionistas al rescate, saldaran las deudas y sanearan las finanzas de la escudería.

Checo consiguió todo sin que el equipo dejara de competir, y además dando buenos resultados. No tardó en aparecer Lawrence Stroll, que salvó la escudería. Checo conservó su puesto como piloto y 500 personas del equipo conservaron su empleo. Pero Stroll no lo hizo como una forma de apostolado ni por empatía o caridad, para él todo era negocio y al más puro estilo de don Corleone, llegado el momento, le aplicó a Checo la de «no es personal, son negocios» y, cuando tuvo que prescindir del mexicano, no se tentó el corazón.

UN CRETINO

Los rumores se desataron durante la segunda quincena de julio. Rumores sustentados en la realidad: era un hecho que por debajo de la mesa Lawrence Stroll negociaba con Sebastian Vettel y, como las filtraciones nunca faltan, la prensa alemana dio por hecho la llegada del piloto alemán a la escudería inglesa.

Nadie del equipo salió a dar una declaración, a dar un manotazo en la mesa que les diera certezas a todos los involucrados, sobre todo a Checo Pérez y al resto del equipo, que debían concentrarse en la temporada ya de por sí difícil por la pandemia de covid-19. Nunca hubo un pronunciamiento contundente, al contrario, la respuesta de Racing Point fue timorata, lo cual hacía sospechar aún más de todo.

El jefe de la escudería, Otmar Szafnauer, declaró por esos días: «Es halagador que todos piensen que un tetracampeón mundial debería venir a nuestro equipo, tal vez porque nuestro auto es un poco más rápido ahora. Tenemos largos contratos con nuestros pilotos, así que es lógico que no tengamos espacio».

Pero Otmar se comportó como un patán en la más pura y mexicana expresión del término. No era nuevo en el equipo ni había llegado de la mano de Lawrence Stroll, su historia en el automovilismo estaba atada a Force India desde 2009. Él le dio la bienvenida a Checo en 2014 cuando el mexicano se incorporó a la escudería y desde ese año iniciaron una estrecha relación laboral en la que el piloto mexicano le dio muchas satisfacciones al equipo.

Llevaban siete años juntos y ambos atravesaron la crisis económica de 2018, ambos recibieron a Stroll y ambos proyectaron el futuro de la escudería. Otmar como jefe del equipo y Checo como su piloto principal. Para Checo debió ser desconcertante la ambigua posición de Otmar frente a los rumores, considerando además que «cuando el río suena, agua lleva», pero el mexicano no se cocía al primer hervor, ni era la víctima ni estaba dispuesto a jugar ese papel. Conocía los entretelones de la política dentro de la F1. No era un novato en la máxima categoría y sabía que a esos niveles las negociaciones entre escuderías, el fichaje de pilotos, la permanencia en los equipos dependían de muchos factores. Todo podía suceder.

En las últimas temporadas se habían visto situaciones sorprendentes; en 2016, a unos meses de haber comenzado la temporada, el piloto ruso Daniil Kvyat, titular en la escudería Red Bull, fue enviado a la filial Toro Rosso en donde corría Max Verstappen, quien fue subido al primer equipo. La decisión no fue equivocada, Verstappen demostró que estaba hecho para grandes cosas y Kvyat permaneció en Toro Rosso hasta que dejó la F1.

Otro polémico enroque ocurrió a mediados de la temporada 2019, cuando el piloto francés Pierre Gasly —coequipero de Verstappen en Red Bull— no dio el ancho y el equipo decidió enviarlo a su filial Toro Rosso a ocupar el asiento de Alexander Albon, que estaba alcanzando muy buenos resultados, por lo cual ocupó el lugar de Gasly.

«En la Fórmula 1 nunca se sabe si vas a estar corriendo hasta que vas a empezar la carrera. Así son las cosas», expresó Checo ante los cuestionamientos de su posible salida de Racing Point. «Creo que estos rumores solo son parte del juego, he estado en la F1 durante 10 años, así que estoy acostumbrado a esto». El piloto mexicano respondió una y otra vez que tenía un contrato firmado, que su futuro estaba en Racing Point, convencido de que el proyecto rendiría frutos y confiaba en la palabra de Lawrence Stroll sin duda. «Sería triste salir del equipo, pero un día tiene que terminar, aunque no creo que este sea el momento», aseguraba.

Como quiera que fuera, para el tapatío no podía ser más desgastante el acoso de la prensa y las innumerables notas que fueron publicadas durante la semana previa al Gran Premio de Hungría, que se corrió el 19 de julio. El piloto mexicano intentó por todos los medios posibles concentrarse para la carrera e insistió una y otra vez con buen ánimo: «Para mí nada ha cambiado. Tengo un contrato firmado con el equipo para los siguientes dos años. Hay rumores alrededor y creo que la respuesta para esta situación solamente se dará con el tiempo. He estado en el deporte durante 10 años, así que al final del día entiendo que esto es un negocio. Para avanzar, todos deben ser felices».

«¿QUÉ HAGO CON ESTO?»

Pero Checo sabía que algo se cocinaba. Durante la semana en que comenzaron los rumores lo contactaron de otra escudería de F1 e incluso de otras categorías del automovilismo, lo cual le sorprendió porque todos en el medio sabían de su contrato con Racing Point hasta 2022. En México, sus aficionados y seguidores esperábamos algún pronunciamiento de la escudería de Stroll para no dar más cabida a los rumores y las especulaciones. La incertidumbre era agotadora porque sabíamos que, si Checo dejaba Racing Point, no había opciones para él en algún equipo competitivo, pues las principales escuderías ya habían confirmado a sus pilotos para la temporada 2021.

Se mencionó que podría fichar con Haas o Alfa Romeo, pero eran escuderías menores y para Checo firmar con alguna de ellas era como volver a empezar, como si regresara a su primera temporada en 2011 a picar piedra, y por su edad —31 años— y por lo demostrado en las pistas ya no había lugar para eso. Su talento y experiencia eran suficientes para estar entre los primeros cinco pilotos de la F1, pero solo era posible corriendo para una escudería competitiva.

Una semana después de que en Racing Point juraran y perjuraran que el caso Vettel era solo un rumor al que no debía prestársele atención, la propia escudería cambió su postura. Otmar aprovechó que, una vez terminado el Gran Premio de Hungría, Checo viajó a México para ver a su mamá, que estaba delicada por un accidente que había sufrido (para evitar riesgos con el covid, tomó un vuelo privado). La ausencia del piloto mexicano le cayó de perlas, pues estaría lejos del ojo del huracán.

En una entrevista, el jefe del equipo señaló que las puertas de la escudería no estaban cerradas para Vettel. «Nuestra intención es nunca dejar un contrato nuestro sin cumplir», expresó Otmar en un portal de F1. «Eso sí, es difícil predecir el futuro. Sebastian sabe cómo ganar, él es un piloto muy competitivo. Lo tengo como un amigo y es una gran persona. Lo conozco desde hace mucho tiempo, es un piloto muy honesto y podría llegar a ser muy rápido».

A pesar de estar en México, Checo siguió a pie juntillas las noticias que trascendían en el mundo de la F1. La declaración de Otmar no le sorprendió del todo, sabía que ya era oficial que Racing Point estaba en pláticas con Vettel, pero mantuvo la serenidad, no se salió del guion. «Hay muchas cosas alrededor.

Por mi parte todo sigue igual. Tengo contrato con el equipo y sigo creyendo mucho en el proyecto. Obviamente hay discusiones internas dentro del equipo, pero hasta hoy todo sigue en pie», expresó el 21 de julio.

Algunos medios mencionaron que la moneda estaba en el aire porque tanto Checo como su coequipero Lance Stroll podrían salir de la escudería, lo cual era totalmente absurdo. Lance era «hijo de papi» y jamás le rescindirían su contrato, aun cuando no diera buenos resultados en la pista como los que le entregaba Checo a la escudería. El piloto mexicano sabía que, de concretarse la negociación con el alemán, el único que abriría la puerta de salida era él. «Creo que es obvio si alguien se tiene que ir. Yo soy papá y yo no echaría a mi hijo, pero no hay mucho que yo pueda decir».

El 24 de julio Otmar quiso nuevamente mostrarse empático con Checo, no obstante que las negociaciones con Vettel seguían viento en popa. La escudería hablaba muy bien del mexicano, de sus cualidades en las pistas, de su experiencia, pero no lo hacían como un reconocimiento a su trayectoria, sino como si estuvieran poniendo a la venta un producto, enumerando sus cualidades. «El hecho de que tenga un contrato firmado será un factor clave para mantenerlo en el equipo», señaló un condescendiente Otmar. «Sergio ha estado aquí durante mucho tiempo, nos ha sido leal, es un gran piloto, trabaja muy bien con el equipo, trabaja bien con Lance y lo ayuda, por lo que todos esos factores importan».

Al parecer hubo una guerra sucia dentro de la escudería en contra del mexicano; se dice que fue el propio equipo quien filtró la confirmación de que había dado positivo en la prueba de covid y se perdería dos grandes premios en Gran Bretaña. A partir de ahí recibió críticas por una supuesta falta de profesionalismo al haber roto la burbuja sanitaria implementada por la FIA. Checo traía el santo de espaldas; durante el Gran Premio de Gran Bretaña —que el mexicano solo pudo ver por televisión desde su confinamiento en Silverstone—, algunos medios notaron «señales» que anunciaban casi como un hecho la contratación de Vettel.

En algún momento de los tres días de actividad en el *paddock*, Lawrence Stroll y Sebastian fueron vistos saludándose a la usanza covid-19, codo con codo, gesto que nadie había visto con anterioridad. Seb caminaba con su overol rojo de Ferrari y se topó de frente con Lawrence Stroll, con su chamarra azul y rosa con el patrocinio de BWT. Ninguno de los dos dijo palabra alguna, solo chocaron los codos y siguieron su camino, lo interesante fue que luego del saludo Vettel bajó la mirada. En ese mismo fin de semana, al término del Gran Premio, Vettel se retiró del circuito en compañía de Otmar, quien lo invitó a subir a su auto. Nadie supo a dónde se dirigieron. Pequeños detalles que no tendrían mayor importancia en cualquier otra circunstancia, pero no en esos momentos.

Cuando le preguntaron a Checo su opinión al respecto, respondió molesto: «¿Qué hago con esto? Nada. Creo que todo el mundo es libre de hacer lo que quiera, especialmente fuera de las carreras». Cómo se había desdibujado el futuro para Checo, cómo habían cambiado las circunstancias en apenas un año. Exactamente en agosto de 2019, entre bombos y platillos, se anunció la contratación multianual de Checo y por entonces Otmar había declarado con cierta euforia:

Conocemos a Sergio muy bien y *es genial confirmar un acuerdo a largo plazo.* Durante los últimos seis años le hemos visto convertirse en un piloto completo con una excelente velocidad de clasificación y un gran ritmo de carrera. Sergio cree en *una visión a largo plazo de este proyecto y se ha comprometido hasta finales de 2022* para ofrecernos una valiosa consistencia. A medida que el equipo sigue creciendo y desarrollándose es importante tener a un piloto con la experiencia de Sergio, especialmente con la nueva normativa en el horizonte. *Todo el equipo está encantado de continuar trabajando con Sergio* y creo que podemos tener mucho éxito en los próximos años.

Las palabras de Checo de aquel día de 2019 se desmoronaron sin remedio, se esfumaron como si hubieran sido escritas en la arena: «El futuro se ve brillante y creo que los mejores momentos están por llegar y estoy deseando poder celebrar muchos podios en los años venideros».

#KEEPCHECO

Ningún tuitero que se precie de serlo quiere tener entre sus seguidores a personajes como Fernández Noroña, John Ackermann, Javier Lozano, al presidente López Obrador o al expresidente Vicente Fox, entre muchos otros. Cuando algún personaje de la política mexicana —tan desgastada y desprestigiada como está— te da un *like*, retuitea alguno de tus tuits o recomienda alguna de tus obras o programas o publicaciones, es inevitable pensar: «Ya lo chupó el diablo». Es casi una vergüenza y nada como para presumir.

El 15 de julio de 2020, cuando empezaba la ola de rumores que colocaban a Checo Pérez fuera de Racing Point, los aficionados mexicanos se movilizaron con rapidez a través de Twitter y en pocas horas hicieron tendencia mundial el *hashtag* #KeepCheco, que se convirtió en una campaña abierta a favor de la continuidad de Sergio Pérez en la F1. Paradójicamente, el *hashtag* no nació en México, su creador fue Andy Stephenson, un australiano, aficionado de la F1 y admirador absoluto de Checo Pérez que no solo lanzó el #KeepCheco desde Australia, también fue el creador de la cuenta @ChecoFanPage el 31 de agosto de 2020 para seguir con detalle cada momento del paso del piloto mexicano por la máxima categoría.

A Checo lo chupó el diablo. Uno de los personajes que tuiteó el hashtag #KeepCheco fue el expresidente Felipe Calderón, a quien «haiga gobernado como haiga gobernado» —parafraseando su «haiga sido como haiga sido»— lo único que no se le puede negar es que es un aficionado nato del automovilismo, que suele participar en algunos *rallies* en la República Mexicana y desde luego es fiel seguidor de la F1. «Esta podría ser la última temporada en @RacingPointF1», apuntó el expresidente, «y quizá en @F1 de @SchecoPerez. Último chance para ganar un GP. Aunque es mejor piloto y con mejores resultados, a la llegada de Vettel es difícil que remuevan al otro piloto, hijo del dueño. Fans promueven #KeepCheco en redes».

Desde hace algunas temporadas la F1 fue más allá de la experiencia en los circuitos del mundo y la televisión. En internet tomó por asalto Twitter y más temprano que tarde la F1, las escuderías y los pilotos abrieron sus cuentas, tanto institucionales como personales, para sumarse a los clubes de fans que ya tenían tiempo de existir. Checo Pérez no fue la excepción y con tres cuentas oficiales —@SChecoPerez, @ChecoPerezNews y @FundChecoPerez—, más su canal en YouTube y su cuenta en Instagram, el piloto mexicano tiene presencia en todas las redes sociales.

A través de Twitter el piloto ha compartido sus triunfos, sus derrotas, los errores, sus accidentes, los imponderables en la pista, los días buenos, sus frustraciones al fallar en la calificación, su júbilo al salir en último lugar y llegar en las primeras posiciones. Twitter le ha servido para dirimir polémicas, para reírse con los memes, para enseñar a sus seguidores cómo es la vida cotidiana de un piloto, sus entrenamientos, los momentos de disipación, las horas con la familia. Le sorprendió la forma como miles de mexicanos asumieron su causa y salieron en su defensa para exigir su permanencia en Racing Point: «En Twitter me encontré con una campaña #KeepCheco. Es increíble ver tanto apoyo», expresó al enterarse de que se había vuelto tendencia en el mundo.

PUÑALADA TRAPERA

Ni Lawrence Stroll ni Otmar Szafnauer tuvieron los güevos para hablarle de frente a Checo Pérez. Recibió una puñalada trapera, como titularon algunos diarios, no obstante que el piloto tapatío nunca quiso entrar en el juego de los dimes y diretes. Fue elegantemente discreto y aunque pudo mandar al diablo a todos y a todo, comenzando por el inversionista canadiense y al jefe de equipo rumano, asistido por la razón, mantuvo fría la cabeza para salir por la puerta grande hacia la incertidumbre.

El calvario se extendió más de lo esperado. De los primeros rumores que surgieron a mediados de julio hasta el día en que el propio Checo anunció su salida de Racing Point transcurrieron casi dos meses. Demasiado desgaste anímico. El piloto mexicano no merecía ese trato. Ante la ausencia de una posición oficial y definitiva por parte de la escudería inglesa, durante agosto la presión disminuyó; el tema Vettel-Pérez perdió interés aunque no desapareció, lo cual coincidió con el regreso de Checo a las pistas luego de haber superado el covid-19.

Su regreso para el Gran Premio de España parecía traer buenos augurios y fue esperanzador, ya que logró cruzar la meta en quinto lugar, detrás de su coequipero Lance Stroll —quien incluso por esos días declaró que, si a él le tocaba salir del equipo, respetaría la decisión de su padre; todos se rieron.

Pero las siguientes dos carreras —Bélgica, el 30 de agosto, y Monza, el 6 de septiembre— evidenciaron que todos los actores del drama habían entrado al ojo del huracán. Checo sumó un punto en cada una de las carreras. La concentración no estaba en la pista. La presión dentro de la escudería era como una olla exprés. Checo insistía en que permanecería en el equipo aprovechándose de la falta de güevos del dueño para pronunciarse en sentido contrario, pero la manera como confirmó su salida fue de lo más ruin e inesperada.

El piloto mexicano se encontraba en el *motorhome* de Racing Point y de pronto oyó la nada discreta voz de Lawrence

Stroll hablando del futuro de la escudería. El inversionista canadiense hablaba a gritos y sin filtros y comentó que ya era un hecho: firmarían a Sebastian Vettel, quería al campeón alemán como imagen de su nueva escudería. Así, Checo se enteró de la traición, del engaño, del doble juego. El tapatío debió respirar profundamente, tomarse un minuto para no arremeter contra Stroll. El enojo y la frustración no fueron por la confirmación de la noticia, no era una sorpresa, lo vio venir, lo sabía; lo doloroso era la forma en que lo habían hecho y más aún la forma como se enteró. Lo habían apuñalado por la espalda: «Nadie me dijo nada», comentó a la prensa días después, «pero ya lo sabía y descubrí un par de cosas. La confirmación final llegó ayer. ¿Seguir? Esa era la información que yo recibía, que el equipo quería que me quedara y ayer me dijeron oficialmente que no iba a continuar, no me lo esperaba».

Hasta donde se sabe, Checo tuvo una airada discusión con Otmar por todo lo que había sucedido y el manejo desaseado que llevó a su salida. Sin embargo, una vez más, frente a los medios, frente a sus seguidores y frente al público de la F1, el mexicano se mostró ecuánime y dio a conocer el anuncio de su salida a través de un comunicado.

Hola a todos. Todo tiene siempre un principio y un final, y tras siete años juntos mi ciclo con el equipo llegará a su fin al término de la temporada.

En lo personal duele porque aposté mucho por el equipo en momentos muy difíciles; se logró salir adelante y me siento orgulloso de haber salvado el trabajo de muchos de mis compañeros.

Me quedo con los recuerdos de los grandes momentos que vivimos juntos, las amistades y la satisfacción de siempre haber dado lo mejor de mí...

No tengo un plan B, mi idea es desde luego continuar aquí, pero siempre y cuando se presente un proyecto que me motive a seguir dando el cien por ciento en cada vuelta.

Agradezco a cada uno de ustedes que han estado conmigo a lo largo de estos 10 años.

A mi familia, que siempre ha estado presente apoyándome en las buenas y en las malas.

A todos los patrocinadores que han creído en mi proyecto, a mi *staff* y principalmente a Dios, que me bendijo con la oportunidad de vivir esta increíble aventura llamada F1. Espero pronto darles buenas noticias y por ahora disfrutemos juntos estas próximas carreras. ¡Los llevo conmigo!

A mitad de la temporada, Checo Pérez había sido arrojado al vacío de la incertidumbre; todo parecía indicar que su carrera en F1 llegaría a su fin al terminar la campaña, pero en ningún otro momento de su historia personal su famoso «Never Give Up» (Nunca te rindas) cobró tanto sentido. Así que se puso el overol, tomó sus guantes y su casco, y se dispuso a correr para demostrar quién era el piloto mexicano.

TOP 10 DE CAMPEONES DE LA F1

1 Lewis Hamilton: 7*

2 Michael Schumacher: 7

3 Juan Manuel Fangio: 5

4 Alain Prost: 4

5 Sebastian Vettel: 4

6 Jack Brabham: 3

7 Jackie Stewart: 3

8 Niki Lauda: 3

9 Nelson Piquet: 3

10 Ayrton Senna: 3

DATO CURIOSO

En 2021 el británico Lewis Hamilton se convirtió en el primer piloto en la historia en ganar un récord de 100 carreras, al coronarse como campeón del Gran Premio de Rusia.

* Hasta 2020.

UN CAMPEÓN EN CIERNES:

CHECO

A TRAVÉS DE LOS AÑOS

8 de febrero de 2004

Con tan solo 14 años, Checo Pérez ya contaba con el apoyo de la Escudería Telmex, como otros destacados deportistas de México.

7 de mayo de 2010

En 2010 Checo se hizo de un asiento en el equipo
Barwa Addax de la categoría GP2 Series. El éxito
llegó de inmediato a manera de *poles* y podios.

Durante su paso por la GP2 Series, antesala de la F1, el piloto mexicano tuvo un excelente desempeño. Fue subcampeón de la categoría.

25 de marzo de 2012

El GP de Malasia 2012 fue testigo de la primera gran exhibición de Sergio Pérez. El mexicano estuvo muy cerca de arrebatar la victoria a la leyenda Fernando Alonso.

31 de enero de 2011

En enero de 2011 la escudería Sauber presentó a Sergio Pérez como uno de sus pilotos. Luego de 30 años, un mexicano participaría nuevamente en la F1.

2 de noviembre de 2014

Checo terminó en el top 10 del campeonato de pilotos F1 en 2014. Así consiguió extender su permanencia en la máxima categoría del automovilismo.

SAHARA

15 de marzo de 2015

Como piloto de Force India en 2015, Sergio se mantuvo consistente y dando buenos resultados. Nunca imaginó la debacle que se vendría en la escudería de Vijay Mallya.

30 de octubre de 2015

El regreso de la F1 a México en 2015 fue apoteótica. Desde 1970 ningún mexicano competía en la máxima categoría por lo que la participación de Checo, que corría su quinta temporada, se llevó todos los reflectores.

29 de abril de 2018

El piloto tapatío obtuvo su octavo podio en la F1 en el GP de Azerbaiyán 2018. Es el corredor mexicano con más podios en la historia de la categoría.

13 de febrero de 2019

Checo Pérez y Otmar Szafnauer, jefe de Racing Point, posando con el monoplaza de 2019. Una relación entre piloto y director de escudería que al final sacó chispas.

6 de diciembre de 2020

Tras 10 años de espera, Sergio Pérez ganó su
primera carrera de la F1 en Sakhir. Fue una
victoria catártica porque remontó desde la
última posición.

Sergio Pérez cruza la meta en primer lugar durante el GP de Azerbaiyán 2021. Un circuito callejero que se le da muy bien al piloto tapatío.

12 de febrero de 2021

El año 2021 trajo nuevos desafíos para el piloto
mexicano, como sumarse a la contienda por
el título mundial de constructores corriendo
para Red Bull Racing. En la foto aparece con su
coequipero, Max Verstappen.

6 de junio de 2021

Júbilo en la filas de Red Bull Racing una vez
que Checo Pérez se alzó con la victoria en
Bakú, en el GP de Azerbaiyán 2021.

6 de junio de 2021

Checo Pérez aprovechó un pinchazo de su coequipero Max Verstappen y, tras contener el ataque final de Lewis Hamilton, logró quedarse con la victoria en el GP de Azerbaiyán 2021.

27 de agosto de 2021

La renovación con Red Bull para 2022 dio
alas al piloto mexicano, que aún sueña con
ser campeón del mundo de la F1.

NUNCA TE RINDAS

VIAJE A LAS PUERTAS DEL INFIERNO

La temporada 2010 podía ser la última oportunidad para Checo de dar el salto a la Fórmula 1. Era el ahora o nunca para su carrera: recoger la siembra de los esfuerzos de toda su vida o volver a casa, como muchos, con las manos y los bolsillos vacíos.

Había pasado ya el momento difícil entre la GP2 Series de España y la de Mónaco, cuando lograba algún podio salpicado con destellos de quintos y sextos lugares. Pero para recibir el llamado de un equipo de la máxima categoría no son suficientes los puntos, hacen falta los campeonatos.

Enfrentándose a Valtteri Bottas, Romain Grosjean, Nicolas Hülkenberg y Pastor Maldonado, se estaba quedando rezagado. Pero la siguiente fue una brillante temporada en la misma GP2 Series, estableciendo una lucha cuerpo a cuerpo con el venezolano Pastor Maldonado, que terminó en el primer lugar del serial con 87 puntos por 71 de Sergio.

Era un punto de inflexión y eso sí que abría el horizonte. La ventaja del piloto mexicano sobre el tercer lugar era clara: Jules Bianchi había sumado 53 unidades. Poco tiempo después, por cierto, ese nombre pasó a la historia por un fatal accidente en el Gran Premio de Japón de 2014, cuando, corriendo para la escudería Marussia-Ferrari, Bianchi se salió de la pista. La bandera amarilla ordenaba que los pilotos disminuyeran la velocidad, pero Jules encontró un charco, patinó saliendo de la pista y chocó contra una grúa que estaba rescatando al otro auto previamente despistado, el Sauber de Adrian Sutil. Sus lesiones en la cabeza fueron tan graves que permaneció en coma durante nueve meses y falleció en julio de 2015. Fue el primer piloto de la máxima categoría que murió a consecuencia de un accidente en una pista de F1 después de Ayrton Senna en 1994.

Volviendo a Sergio, correr en la categoría telonera de la categoría mayor ya le daba tanto a él como a su equipo la posibilidad de relacionarse aún más con la élite del automovilismo mundial. Toño Garibay, mago de las relaciones públicas, había construido una buena relación con Peter Sauber, que recién había recuperado la escudería con su nombre que le había vendido a BMW en 2005.

La Fórmula 1 estaba atravesando por enésima vez una crisis financiera; las quiebras y los cambios de manos estaban a la orden del día. Esos cuatro años le permitieron a Sauber pensar qué hacer para mantener al equipo de manera independiente. Dos cosas quedaban claras: tendría que funcionar sin grandes presupuestos y con la firme convicción de apoyar a pilotos jóvenes que estuvieran ya capacitados para la Fórmula 1.

A través de las buenas artes de la Escudería Telmex y de Toño Garibay se había logrado poco antes un lugar para Checo en la Academia de Pilotos de Ferrari. A Maranello no entra cualquiera; no le hace favores a nadie. Ferrari le veía futuro y, como Sauber trabajaba con los motores que la escudería italiana le proveía, los astros empezaban a alinearse.

EJEMPLOS A SEGUIR Y AMIGOS PARA COMPARTIR

Vale la pena hacer un alto para subrayar dos cosas que suelen ser pasadas por alto sobre Checo. La primera es que creció sin referencia alguna de un piloto mexicano de Fórmula 1. Los antecedentes más cercanos fueron los hermanos Rodríguez. Ricardo, que hasta 2009 fue el piloto más joven en la historia del circuito, corriendo para Ferrari con 19 años y 208 días el GP de Italia de 1961, falleció al año siguiente en el GP de México, una prueba no puntuable para el campeonato, pese a que había obtenido el permiso de la escudería para participar. Y Pedro, su hermano mayor por dos años, que corrió 55 grandes premios, otra de las excepcionales glorias del automovilismo mexicano. Murió también dentro de su auto, el 11 de julio de 1971, en la pista de Nuremberg a los 31 años. Checo tiene colgado hasta la fecha, en su oficina de Guadalajara, un gran cuadro de Pedro, a quien admiró sin conocer.

El piloto nacional más reciente en la historia de la máxima categoría era Héctor Alonso Rebaque, con 58 grandes premios en su trayectoria, finalizada en 1982. Cuando Checo Pérez nació,

Rebaque tenía ocho años retirado y los Rodríguez, 19 y 29 de haber perdido la vida. No había en la niñez de Sergio, como no la había en México, una cultura de Fórmula 1. Los autos eran un pasatiempo para él y le apasionaba ver por televisión las carreras del gran circo junto a su padre, pero no tuvo la figura inspiradora de un mexicano triunfador que le hiciera soñar que ahí estaba su futuro. No en ese momento.

Los pilotos top eran los de la Indy, empezando por Adrián Fernández, pero no existía alguno que despertara el sueño de la Fórmula 1: eso era ajeno y lejano. Ni siquiera tuvo como referencia a la mano aquella etapa del Gran Premio de México, cuyo último capítulo se celebró con el primer podio en la carrera de un jovencito alemán llamado Michael Schumacher, detrás de Nigel Mansell y Riccardo Patrese. Se corrió el 22 de marzo de 1992 y Checo tenía poco más de dos años.

La otra situación a resaltar es que Sergio, por el carácter abrumador del padre o por el temor ya referido que le tenían los demás pilotos desde que corría a los seis años, no tuvo un grupo que lo cobijara. Amaba a sus hermanos y le encantaba acompañar a Toño a sus carreras, pero en la etapa de desarrollo vivían ya en diferentes lugares y los tiempos de coincidencia eran menores. Checo no es alguien que tenga multitud de amigos; tiene pocos con los que se siente a sus anchas y les es totalmente leal hasta la fecha.

Sergio ha sido entonces un tanto apartado y se fue muy chico a Europa, donde tuvo que ingeniárselas en soledad. Cuando llegó, encontró gente de diferentes nacionalidades que se conocía entre sí desde el kartismo y su trato era ya familiar. Y no es que para los demás muchachos fuera fácil: desde los

13 años tenían que competir contra los mejores de su edad y crecer juntos en un medio de mucha exigencia y pocas oportunidades en cualquier categoría. Pero hacían ronda, pertenecían a un grupo y avanzaban juntos a categorías superiores. Un ejemplo de ello son Nico Rosberg y Lewis Hamilton, a quienes Mercedes abrazó desde niños y fueron coequiperos desde el karting hasta la F1, donde cada quien tomó su camino. Además de ello, la F1 es un deporte decididamente europeo y la cultura latina a veces no encaja fácilmente en ello. Ya hablaremos del paso de Sergio por McLaren y las barreras de identidad contra las que tuvo que pelear.

Alguna vez Francisco Javier le preguntó a Sergio si entre los mejores amigos de su vida hay pilotos de Fórmula 1 y contestó que no. Que se lleva bien con todos y hay algunos ingenieros a los que quiere mucho... Destacó el trato que tiene con Carlos Sainz Jr. y que existen en la categoría diferentes grupos que son más o menos afines, pero que sus amistades más preciadas están fuera del automovilismo.

EL CONTRATO ESPERADO

Checo cuenta hoy que, en efecto, estaba consciente de que era hora de dar el salto porque de lo contrario seguramente nunca lo hubiera logrado. Hay años clave en la vida del piloto, y ese 2010 lo fue para él.

El 3 de octubre la escudería suiza Sauber dio a conocer en un comunicado que Sergio Pérez había firmado contrato para ser piloto del equipo en la temporada 2011. Oficialmente había llegado a la tierra prometida y ahora tendría que sorprender y sobrevivir en ese mundo. Checo había visto a algunos pilotos buenísimos que ya no estaban al año siguiente porque tuvieron una mala temporada o no se adaptaron al auto. Los equipos no están para perder el tiempo y brindar oportunidades; necesitan resultados muy rápido.

Fue en Sauber donde la presión empezó de a deveras. «Sabía que lo tenía que hacer rápido y lo hice muy bien», recuerda Sergio. Su mancuerna sería el japonés Kamui Kobayashi, que había corrido con Sauber las últimas carreras de 2009, y la temporada 2010 completa.

Peter Sauber comentó que la trayectoria de Checo les daba la seguridad de haber elegido correctamente. Por supuesto que fue fundamental el apoyo de Telmex, que, según se anunció ese mismo día, había firmado un contrato de patrocinio con la escudería.

La noticia fue espectacularmente difundida en todo México: después de 30 años, un piloto nacional regresaba a la máxima categoría. Un par de temporadas después, por cierto, también firmaría con Sauber el regiomontano Esteban Gutiérrez, cuando Checo cambió por primera vez de escudería en el gran circo.

No había rostro más feliz en el mundo que el de Sergio Pérez cuando estampó su firma en el contrato. Iba diario a la fábrica, saltaba para meterse a su monoplaza, lo revisaba de cabo a rabo y ponía todo en los entrenamientos. Se mantenía en contacto diario con sus papás y sus hermanos en Guadalajara, por teléfono o por internet, y le ponían a sus adorados perros frente a la cámara para que los saludara. Cuando se podía, su familia ponía la computadora frente al televisor para que viera algún capítulo de RBD que estaba pegando con tubo en México, y también los partidos del América.

TRES PILARES

Checo tiene tres pilares que lo sostienen hasta hoy: está orgulloso de ser mexicano, es cercano a su familia y es católico. Al diseñar su primer casco en Sauber pidió que le pusieran la bandera mexicana, un personaje divertido de un cómic en la parte trasera y el logotipo estilizado con las iniciales de su nombre, que él mismo había creado.

De hecho, la confección de sus cascos es algo que siempre le ha merecido especiales cuidados. En su oficina de Guadalajara, donde tiene un pequeño santuario con sus artículos más preciados, está el primero que utilizó cuando tenía seis años. Está lleno de calcomanías de esa época, que él mismo colocó con el mismo cuidado acucioso con que lo conserva.

El 31 de enero de 2011 la escudería Sauber hizo la presentación de sus flamantes monoplazas C30 color blanco en el circuito de Cheste, Valencia. Sergio declaró que aprendería rápido de Kobayashi y de la exigencia de la categoría, mientras que Peter Sauber confiaba en mejorar los resultados de la campaña anterior, en la que había terminado en el octavo lugar del Campeonato de Constructores.

El 25 de febrero de 2011, un mes antes de su debut en Australia, Checo y su auto se presentaron en Guadalajara. El C30 se armó la tarde del viernes y las calles del centro de la capital tapatía se cerraron para dar paso a una demostración que reunió a más de 200 000 personas desde las ocho de la mañana.

Se montó un circuito callejero de kilómetro y medio con un área de boxes frente al palacio de gobierno. Antes de que Sergio saliera a bordo de su auto, lo hicieron su hermano Toño Pérez y Germán Quiroga en sus NASCAR, y cuando el nuevo piloto de Fórmula 1 dio sus primeros arrancones, el lugar ya era una locura.

Firmaron autógrafos, se tomaron fotografías y le estrecharon la mano a cuantos pudieron, mientras se presentaban las mascotas de los Juegos Panamericanos de Guadalajara, que se celebrarían en octubre. La alegoría masiva le hacía sentir a Checo el calor de su gente, que debía acompañarle a la mayor aventura que hubiera podido emprender en su vida profesional.

LA GRAN PREMIER DEL CHECO

La primera fecha de la temporada estaba programada en Baréin, del 11 al 13 de marzo, pero no pudo llevarse a cabo por conflictos políticos y sociales que obligaron a cancelarla. El gran circo viajó con sus toneladas de equipo a Melbourne, donde el fin de semana del 25 al 27 de marzo se abriría el fuego de una nueva campaña que se enfrentaría a la crisis económica mundial provocada por la burbuja hipotecaria de Estados Unidos.

Los equipos de Fórmula 1 tuvieron que reducir presupuestos y pese a que Honda anunciaría la venta de su escudería al final de la temporada para ahorrarse los 420 millones de euros que le costaba, arrancaron 22 autos en la parrilla.

Eso no sucedía desde el Gran Premio de Turquía en 2008. Sergio habrá repasado en esos días todo lo que había sufrido para llegar a ese momento. Era su primera experiencia en la Fórmula 1 y de repente sintió la gran necesidad de ser cobijado. Checo es una persona que funciona mejor si se siente arropado por su gente cercana, si lo animan y apapachan. Si su hermana Paola lo había rescatado yendo a verlo a Alemania un par de semanas durante sus primeros días en Europa, ahora requería algo parecido porque esa ansiedad le estaba jugando malas pasadas.

Una llamada a Guadalajara fue el inicio de la solución. Sergio le marcó a Marilú Mendoza, su mamá, y le pidió que fuera a Melbourne. Podríamos preguntarnos por qué no fue su padre, su gran mentor, a quien le pidió esa compañía. Y la respuesta la podemos encontrar en lo que necesitaba en ese instante: no la persona que lo empujara, le exigiera y hablara con voz de trueno, sino la que entendiera el estrés por el que estaba atravesando antes de un momento crucial en su vida.

Sergio estaba por enfrentarse a la máxima exigencia competitiva de su carrera, al escenario verdaderamente anhelado, y no era fácil poner en su sitio todas las emociones. Además del debut por sí mismo, había otra desventaja a la que tendría que adaptarse: no conocía el circuito de Melbourne, que es complicado porque el límite está muy cerca del muro, según él mismo explicó al llegar a Australia.

La madre de Checo sufría mucho con las carreras desde la primera vez que sus hijos tomaron el volante en un go kart. Sabía que eso representaba peligro pero respetó la pasión de Toño Garibay y el gusto de Toño chico y de Sergio desde sus primeros balbuceos conduciendo un auto. Ella fue el equilibrio entre la audacia de los varones de la casa y la prudencia que a veces también tenía que imponerse. La petición no podía ser rechazada. Marilú tomó un avión para desplazarse más de 13 000 kilómetros para cumplir cabalmente con su misión de estar cerca cuando se le ha requerido. Siempre lo ha hecho así. Eso le dio una gran paz a Checo, a quien también su equipo apoyó en todo momento.

Pero hay algo más que agregar: en términos boxísticos, Sergio pertenece a la raza de los fajadores. No se da por vencido. Si algo sale mal, lo compone al día siguiente, y si se equivoca, aprende. Cuando se sube a su auto, todo lo demás se le olvida y deja los nervios a un lado. Como buen futbolista de calle, es echado para adelante y no se espanta con la entrada más dura del rival porque sabe quitársela.

Y así fue como se subió a su C30 para la calificación de su primer Gran Premio, tras saludarse con Pastor Maldonado, su rival en el camino, que ese día también debutaba en la Fórmula 1 con la escudería Williams. Ambos se enfrentarían en su primera gran prueba a nombres que la gramática debería dejar escribir siempre en mayúsculas: Fernando Alonso, Jenson Button, Michael Schumacher, Sebastian Vettel...

Sergio terminó la segunda calificación en el lugar 14, por lo que el domingo partió en la séptima fila de la parrilla de salida. Pese a la colección de monstruos en sus poderosos monoplazas y las menores posibilidades del suyo, hizo una carrera excepcional. Con su alabada pericia para administrar los neumáticos, solo hizo una parada en pits y entró a la meta en el séptimo lugar, con lo que sumaba puntos para su hambrienta escudería el mismísimo día de su debut. Kobayashi también rescataría unidades: llegó justo atrás de Checo, en octavo.

El gozo se fue parcialmente al pozo porque, tras la revisión de los autos, resultó que había una infracción en los dos Sauber: los oficiales les anularon la carrera porque se pasaban un milímetro de las medidas permitidas en el alerón trasero.

¿EL PRIMER PILOTO DESCALIFICADO EN SU DEBUT?

Se ha dicho que Sergio Pérez fue el primer piloto descalificado en su debut en toda la historia de la categoría, pero eso no es del todo exacto. No fueron los conductores —Checo y Kobayashi—, sino los autos los que recibieron la sanción que Peter Sauber y su equipo protestaron sin éxito.

La actuación, sin embargo, daba motivos para estar orgullosos. Y México, después de 30 años de espera para tener un representante en la máxima categoría, recibió con gran alegría la noticia: hay pilotos que jamás ganaron un punto en toda su vida dentro de la Fórmula 1 y, en el debut, Checo lo había logrado; solo por causas ajenas a él, esta vez el resultado no contaría. El botón de muestra era más que prometedor. Peter Sauber empezaba a ver los frutos de su decisión: había seguido cercanamente la temporada de Checo en la GP2 y, por su desempeño en los ensayos de pretemporada, sabía que el mexicano responderia ante la gran oportunidad.

El tapatío no terminó su segunda carrera en Malasia y ocupó lugares de media tabla —17 y 14— en China y Turquía. Por fin tomó puntos oficialmente en el GP de España, al terminar en el noveno sitio en el circuito de Cataluña, y se enfiló lleno de confianza al tradicional circuito de Mónaco para la sexta fecha de la temporada.

El sábado 28 de mayo de 2011, en su primera vuelta de la tercera ronda de clasificación del GP de Mónaco, la sangre se le heló a todo el mundo. Saliendo del famoso túnel de Montecarlo, Checo perdió el control del auto y se estrelló contra un muro lateral. Perdió un neumático y cruzó dramáticamente la pista de izquierda a derecha para impactarse brutalmente contra las barreras de contención. La escena fue escalofriante. Sergio no salía de su auto y los instantes que transcurrieron para que el auxilio médico se acercara al monoplaza fueron eternos y permitían pensar lo peor. Fue removido del auto y trasladado al hospital Princesa Grace de Mónaco, donde sería revisado con el máximo cuidado.

Los 40 minutos que tardó la carrera en ser reanudada fueron vividos con enorme preocupación en los boxes de los equipos y en la tribuna. Urgían noticias que no terminaban de llegar. Todo mundo preguntaba por Checo. Horas más tarde, y sabiendo que estaba consciente aunque con dificultades para hablar desde el primer momento posterior al accidente, un comunicado de su equipo dio a conocer que había sufrido una conmoción y tenía un muslo lastimado, pero no había sufrido daños importantes.

Pese a que la Fórmula 1 ha logrado notables progresos en materia de seguridad en autos y pistas, hay puntos oscuros todavía. Nico Rosberg había tenido un percance sin consecuencias en esa misma zona del trazado y, en la carrera del día siguiente, el ruso Vitaly Petrov estuvo implicado en una carambola de cinco monoplazas que le trajo como consecuencia salir de la pista en estado de coma, del que se recuperó para estar 15 días después en el GP de Canadá.

Sergio, que meses después confió que no recuerda lo que sucedió en los minutos posteriores al choque en Mónaco, fue dado de alta para participar también en la carrera en el circuito Gilles Villeneuve. Pero antes de la calificación sintió mareos y los médicos determinaron que no corriera. Era lo de menos. Lo realmente importante es que Checo conoció el infierno, pero, afortunadamente, solo se asomó a su puerta.

DANZA CON LOBOS

La primera temporada del corredor mexicano concluyó con resultados razonables para Sauber y sus dos pilotos. La escudería mejoró un lugar en la clasificación de constructores respecto a la anterior, terminando en séptimo sitio, aunque con los mismos 44 puntos que acumuló en 2010.

Sergio Pérez fue consistente en su campaña de debut en 2011. Terminó 14 carreras de las 17 que inició y ganó puntos para su equipo en cinco de ellas, siendo su mejor posición el séptimo puesto en Gran Bretaña. Para el año siguiente, el elenco de la Fórmula 1 tenía muchas fichas célebres en el tablero.

Después de dos años participando en el Campeonato Mundial de Rallies, Kimi Räikkönen regresó a la parrilla para completar en ella la sorprendente suma de seis campeones del mundo, junto con Sebastian Vettel, Jenson Button, Lewis Hamilton, Fernando Alonso y Michael Schumacher, un circuito de ensueño.

La competencia resultó tan elevada que los siete primeros grandes premios fueron ganados por siete diferentes pilotos. El triunfo más inesperado se registró en el GP de España, donde el venezolano Pastor Maldonado le dio la primera victoria en ocho años a la escudería Williams, en su segunda campaña al volante. Fue un enorme triunfo que no pudo repetir en las cinco temporadas que corrió en la máxima categoría para Williams primero y para Lotus después.

Pastor fue perseguido siempre por el estigma que acompaña a los llamados *pay drivers*. Tenía un patrocinio personal de la estatal petrolera de su país estimado en 25 millones de dólares anuales, que ayudaba mucho a sus equipos para esquivar la mencionada crisis financiera que azotaba a varios. Es verdad que tenía un manejo brusco que le hizo destruir varios autos y que las quejas de los pilotos y la burla de muchos medios de comunicación por esa causa eran frecuentes. Pero era un hecho consumado que había vencido a domicilio a Fernando Alonso, en Cataluña, en la quinta fecha de la temporada.

El piloto asturiano tuvo pocos tropiezos en la primera mitad de la campaña y antes de las vacaciones de verano tenía una ventaja de 40 puntos sobre el segundo lugar, aunque su final no fue feliz y Sebastian Vettel le arrebató el que hubiera sido su tercer campeonato. El caso es que Pastor Maldonado tuvo ante él esa gran actuación, y su perseguidor en la GP2 y amigo cercano, Checo Pérez, consiguió su actuación más memorable hasta ese momento enfrentando a Alonso también, en la segunda fecha de la temporada 2012.

Sergio recuerda al asturiano como el primer piloto de Fórmula 1 que le dio un consejo cuando lo conoció en Maranello, al hacer pruebas con Ferrari. Siendo ya un figurón y doble campeón del mundo, Alonso le dio la bienvenida y le dijo que llegaba a un mundo muy difícil y que lo más importante era cómo reaccionar ante los malos momentos. «Si sales mal de una calificación tienes que poner la mente en blanco para que todo te salga bien al día siguiente. Y si tienes una mala carrera, a los 15 días que llegue la otra debes estar recuperado. Tienes que manejar muy bien tus emociones», le aconsejó. Checo evoca siempre con cariño a Alonso, con quien se ha vuelto a encontrar en el gran circo tras el regreso del español en 2021.

El 25 de marzo de 2012 el circuito de Seopang de Malasia permitió ver una de las primeras grandes demostraciones de Sergio Pérez. Había arrancado en la novena posición en una jornada lluviosa que hizo detener la carrera durante 50 minutos a la altura de la décima vuelta. Pero antes de que eso sucediera, Checo con su pericia y el equipo con una buena estrategia habían logrado adelantar hasta el tercer lugar, rebasando a Mark Webber, Sebastian Vettel, Nico Rosberg y Fernando Alonso, que habían logrado mejores tiempos en la clasificación.

Al reanudarse la competencia, Lewis Hamilton iba en punta, Jenson Button era segundo y en la tercera posición aparecía el tapatío bailando un jarabe sinfónico. En menos de 10 vueltas más, los vericuetos de la difícil carrera arrojaban dos punteros en solitario: Fernando Alonso en primero y Sergio, con su excelente manejo de neumáticos, despavorido atrás de él.

La batalla fue épica: un joven de 22 años le acortaba desventaja a su primer consejero y gran campeón del mundo; llegó a tenerlo a medio segundo de distancia y no dejaba de presionarlo. A siete vueltas del final, Sergio recibió desde los pits un mensaje a través de la intercomunicación: «Ten precaución». Eso se puede interpretar de diferentes maneras. Una de ellas, que el segundo lugar era oro puro para una escudería modesta como Sauber y era mejor no forzar la máquina para no perderlo. La otra, que no era conveniente vencer a Ferrari porque era la escudería que les proveía los motores.

El caso es que en la curva 14 y a seis vueltas del final de la carrera Sergio tocó la parte húmeda de la pista, se salió de ella y, cuando la retomó, ya había perdido cinco segundos. Lewis Hamilton, que venía atrás de él, no pudo aprovechar la situación para colarse en segundo; Checo logró su primer podio en la categoría. Fernando Alonso respiró y pudo enfilar hacia la meta sin la presión que ya lo estaba ahogando. De cualquier manera, la designación de «hombre de la carrera» recayó en Sergio.

En los códigos no escritos del automovilismo hay cosas que nunca se dirán hacia el mundo exterior y que hacen más misteriosas las dudas. El final de ese Gran Premio de Malasia permite hacer más dramática una narrativa que ya lo era por sí misma. De cualquier manera, lo que había logrado Sergio Pérez al entrar en segundo lugar fue histórico: desde Pedro Rodríguez en el Gran Premio de Holanda de 1971 ningún piloto mexicano se había subido a un podio de Fórmula 1.

Si 20 años no es nada de acuerdo con el maravilloso tango argentino, 40 habían sido una eternidad. De ese tamaño fue el logro de Checo. Ya en la primera carrera de la temporada en Australia, Sergio había remontado desde el lugar 22 hasta el ocho. Le habían hecho arrancar en el último lugar por una penalización concerniente a un cambio en su caja de velocidades. Aun así, se metió a los puntos.

¿Qué significaron esos dos primeros episodios del serial para el piloto mexicano? Algo importantísimo: el respeto del mundo de la máxima categoría hacia él. Dejó claro un futuro de alguien que era casi un desconocido. No sabían nada de él porque no había corrido en karts ni tampoco en las categorías de promoción en las que Hamilton, Rosberg, Leclerc, Albon y Lando Norris habían competido y aprendido juntos.

Sergio Pérez demostró que no era un *pay driver* que compró su asiento gracias a un patrocinador poderoso, como muchos, por ignorancia, pensaron también en su propia tierra. Tenía apoyo porque tenía buenas manos. Tenía volante porque había puesto su vida al servicio de ello. Checo demostró ese par de fines de semana toda la cocina que tenía atrás como gran soporte. No era un don nadie. No era alguien a quien subestimar. Sergio Pérez ya era parte del gran tablero.

El salto a la F1

LUZ

1 Checo por fin llegó a la máxima categoría en 2011 con la escudería Sauber.

2 En su primera carrera tuvo un inicio brillante al llegar en séptimo lugar y dar puntos a su equipo.

3 En 2012, en Malasia, estuvo a unas cuantas vueltas de ganar su primer GP.

4 Como miembro de la Ferrari Drivers Academy le prometieron un asiento en la famosa escudería italiana para 2014.

5 Apenas con dos años corriendo en F1 se destacó como un gran prospecto. Llamó la atención de las escuderías poderosas.

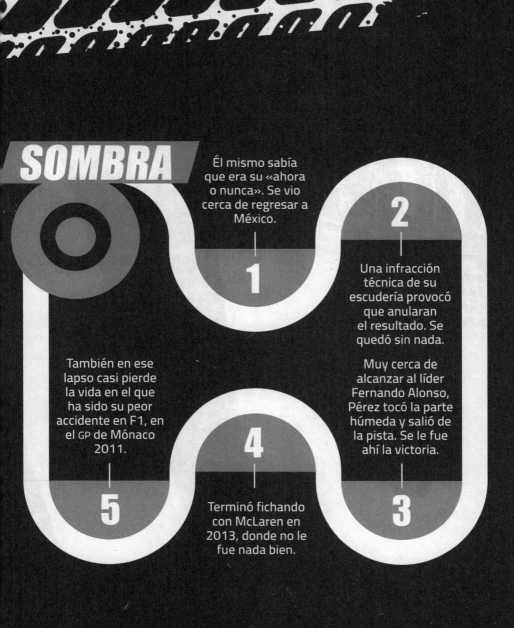

SOMBRA

1
Él mismo sabía que era su «ahora o nunca». Se vio cerca de regresar a México.

2
Una infracción técnica de su escudería provocó que anularan el resultado. Se quedó sin nada.

3
Muy cerca de alcanzar al líder Fernando Alonso, Pérez tocó la parte húmeda y salió de la pista. Se le fue ahí la victoria.

4
Terminó fichando con McLaren en 2013, donde no le fue nada bien.

5
También en ese lapso casi pierde la vida en el que ha sido su peor accidente en F1, en el GP de Mónaco 2011.

NEVER GIVE UP

¿RETIRO?

El futuro se desvaneció frente a sus ojos. Sin certezas, lo único que le quedaba a Checo Pérez eran nueve carreras por delante en la temporada 2020, nueve desafíos que podían ser los últimos en su paso por la máxima categoría, nueve oportunidades para intentar construir su destino que parecía alejarse de la Fórmula 1 de manera definitiva.

Para Checo, el anuncio de su salida de Racing Point significó el reinicio de la temporada. No lo haría con el optimismo y la alegría con que había comenzado en julio, pero ahí estaría, en cada parrilla de salida, atento a que el semáforo apagara las luces rojas para arrancar y dispuesto a dejar su talento en cada circuito. Los puntos que sumara para el Campeonato de Pilotos abonarían solamente para su historia personal en la F1, los puntos que le diera a Racing Point para el Campeonato de Constructores se materializarían en recursos económicos, sí, para el equipo que lo había echado. No era un tema menor, cada punto podía significar entre 800 000 y dos millones de dólares, dependiendo del acuerdo comercial al que hubiera llegado Racing Point con la Formula One Management (FOM), empresa encargada de los derechos de televisión y marketing de la F1.

Unas horas después de que Checo lanzó el comunicado de su salida del equipo —el 9 de septiembre de 2020—, la escudería anunció oficialmente que Vettel se incorporaría para la temporada 2021. Todo ocurrió apenas un par de días antes de que iniciara la actividad del Gran Premio de la Toscana, en el Autódromo Internacional del Mugello. Los aficionados mexicanos queríamos venganza. La puñalada trapera no solo la había recibido Checo Pérez sino también sus seguidores en este lado del mundo. Nadie quiso decirlo, pero esperábamos el desquite, un ajuste de cuentas o algo que le hiciera ver a Racing Point que no merecía tener a Checo Pérez en sus filas.

Algunos pilotos criticaron abiertamente la forma como se había comportado la escudería inglesa: «Es una pena la salida de Checo», expresó Carlos Sainz Jr., firmado por Ferrari para la temporada 2021, «porque es el equipo en el que ha confiado, al que prácticamente salvó de la bancarrota y en una temporada en que por fin consiguieron armar un buen coche. Me da un poco de rabia porque tengo buena relación con él y lo respeto».

En Guadalajara, el papá de Checo también hizo pública su molestia: «La Fórmula 1 es como la política, solamente existen el dinero y la traición». Y es que el futuro se tornaba sombrío. Racing Point iba en ascenso y las principales escuderías ya tenían a sus pilotos firmados para la siguiente temporada. Si se abría alguna opción para Checo, sería en los equipos menores cuyos autos generalmente arrancaban del lugar 11 al 20 en la parrilla de salida.

Aunque en un primer momento Checo habló de tomarse un año sabático o buscar opciones en otras categorías, sabía que no tener asiento en la F1 para la temporada 2021 significaba su despedida: «Una vez que te quedas fuera de la Fórmula 1 es difícil regresar», comentó. «Así que una vez que sales, es posible que nunca regreses, así que si me tomo un año sabático, prefiero retirarme».

INTRIGAS

Checo pudo asumir una actitud similar a la que tomó Vettel en Ferrari una vez que Charles Leclerc entró al equipo: perdió la motivación, parecía manejar con displicencia, sin concentración, como si ya no le interesara estar en un equipo de tanta tradición y jerarquía, y cometió errores de novato. Esa actitud llevó a los dueños de la escudería a darle las gracias.

Pero Checo se cocía aparte. La ola de rumores que culminaron con su salida llevó al piloto mexicano a un grado de tensión absoluto que desapareció con el anuncio oficial, entonces se liberó. Pudo despojarse de todo, de la presión, de los rencores, del mal sabor de boca que le había dejado la traición; logró exorcizar sus demonios y, sin nada que perder, a partir del GP de la Toscana, en Mugello, mostró la mejor versión de sí mismo.

Tenía que demostrar, carrera a carrera, que luego de Hamilton, Bottas y Verstappen, cuyos autos Mercedes y Red Bull estaban en otro nivel, el siguiente mejor piloto de toda la categoría era él. Había que remar contra corriente. Luego de las primeras ocho carreras su coequipero e hijo de papi, Lance Stroll, tenía 57 puntos; Checo no había visto la suya tras perder dos fechas de la temporada por covid-19 y apenas sumaba 34 puntos. Ya liberado, en Mugello el mexicano cruzó la meta en quinta posición y sumó 10 puntos; su coequipero tuvo que abandonar la carrera a causa de un accidente.

La anunciada salida de Checo Pérez de Racing Point creó un ambiente de dudas e intrigas dentro de la escudería. Muchos de sus viejos compañeros asumieron una actitud por lo menos de indiferencia. El favoritismo por el joven Stroll afloró en vísperas del GP de Rusia. Se suponía que los dos autos de Racing Point recibirían un nuevo paquete aerodinámico para mejorar su rendimiento, pero tras el accidente de Stroll en Mugello el equipo decidió que solo su auto llevaría esas mejoras e hicieron de lado el auto de Checo. La orden parecía inequívoca: todo el apoyo a Lance.

En el GP de Rusia (27 de septiembre) Checo arrancó en novena posición con la vieja configuración del auto de la escudería y, aun así, cruzó la meta en cuarto lugar, detrás de los dos Mercedes y el Red Bull, con lo que sumó 12 puntos más. Mientras, el rendimiento de Stroll se venía abajo, pues llevaba dos fechas fuera de los puntos; además, en la semana siguiente a Sochi dio positivo a covid-19 —aunque quisieron ocultarlo— y no pudo correr en el GP de Alemania.

Checo se percató de que no solo competía contra los otros pilotos y sus escuderías, sino que tenía al enemigo en casa y debía pelear en dos frentes. De un modo descarado, su equipo dejó de compartirle información, datos, estadísticas: «Desde que la noticia salió a la luz», dijo públicamente en la conferencia de prensa previa al GP de Rusia, «algunas personas dentro del equipo tienden a ocultarme cosas, algo que no creo que sea bueno. Por el momento tenemos que ser todo lo transparentes que sea posible para asegurarnos de conseguir los objetivos y sumar los máximos puntos posibles. Cada punto es crucial. *Podemos tener la mejor temporada de nuestra historia si conseguimos acabar terceros, y acabaremos muy decepcionados si no lo logramos*».

Las declaraciones del piloto mexicano tensaron aún más el ambiente, por lo que optó por hacer un llamado a la unión, al fin y al cabo, diferencias de lado, todos perseguían el mismo objetivo: obtener el tercer lugar en el Mundial de Constructores. Un par de días después expresó: «Conozco este equipo desde hace siete años y somos como una familia. He hablado con el equipo y ellos aceptan mis explicaciones. No tiene sentido que después de siete años acabemos en malos términos. Ahora todos miramos hacia adelante y queremos lo mismo: conseguir el máximo de puntos y tener éxito en las próximas carreras».

El equipo logró limar asperezas pero no volvió a ser lo mismo. Se había roto la confianza, los lazos de camaradería y, en cierto modo, la armonía. Unos días después Checo soltó una declaración que evidenciaba por lo que estaba atravesando en Racing Point: «Es realmente extraño. Es como estar con una mujer que te ha pedido el divorcio desde hace dos meses».

EL TORO AUSTRIACO

¿Un auto Red Bull contra dos autos Mercedes? No hay forma de competir. Lo sabían Helmut Marko, expiloto y asesor de la escudería austriaca, así como Christian Horner, director del equipo desde 2005, quien junto con Adrian Newey como director técnico tocó el olimpo de la F1, logrando que la escudería ganara por cuatro años consecutivos (2010-2013) el Mundial de Constructores y Sebastian Vettel, su piloto estrella, se coronara cuatro veces campeón del mundo.

Pero los tiempos habían cambiado y durante los últimos siete años la escudería Mercedes ha sido la mandamás en la F1. Red Bull ha venido de atrás y desde la temporada 2019 se acercaba al desempeño de la escudería alemana, pero no lo suficiente. Desde 2016 contaban con un piloto joven, Marx Verstappen, con el talento y el arrojo suficientes para pelear el campeonato del mundo, pero necesitaban un coequipero confiable que estuviera a la altura del joven holandés para tratar de ganar la mayor cantidad de puntos en la temporada.

En 2019 Red Bull apostó por otro de sus jóvenes pilotos que corría en su filial Toro Rosso, Pierre Gasly. El piloto francés de 23 años parecía tener el carácter para manejar un auto Red Bull pero no pudo seguirle el paso a Verstappen. Debido a su bajo desempeño en la temporada, sin haber terminado la campaña, fue enviado de vuelta a Toro Rosso al lugar de Alex Albon, también joven promesa de nacionalidad tailandesa-británica que estaba causando sensación en la temporada.

Albon terminó el año conduciendo para Red Bull y lo ratificaron como coequipero de Verstappen para 2020. Todo parecía indicar que en la temporada covid-19 el equipo austriaco podría pelear por el título, pero nuevamente la presión, la falta de resultados y la inconsistencia doblegaron a su segundo piloto, que parecía conducir un auto para pelear en la tabla media del campeonato y no en los primeros cuatro lugares.

Para mediados de octubre de 2020 se habían corrido 11 grandes premios y, a pesar de que la hegemonía de Mercedes era abrumadora, el desempeño de Alex Albon en Red Bull dejaba mucho que desear. Luego del GP de Alemania (11 de octubre) apenas sumaba 64 puntos, mientras que Verstappen alcanzaba casi 150. Fue entonces cuando se mencionó por primera vez el nombre de Checo Pérez para ocupar un asiento en la escudería de la bebida energética, pues con Racing Point sumaba 68 puntos, cuatro más que Albon, y con dos carreras menos por el covid-19.

«Alex Albon necesita mejorar», declaró ante los medios Helmuth Marko, asesor de Red Bull. «Tuvo un buen desempeño en Nürburgring, pero lo evaluaremos más adelante. Fuera de nuestro equipo, para que lo entiendan claramente, solo están disponibles Nico Hülkenberg y Pérez».

Checo tomó con prudencia las declaraciones de Marko, más aún después de lo que había padecido con la rumorología de apenas unas semanas antes. No había lugar para el entusiasmo desbordado ni para especulaciones. Solo eran eso, declaraciones al calor de los resultados, pero también sabía que, mientras Red Bull no ratificara a Alex Albon como su piloto para la temporada 2021, quizá había una posibilidad.

La realidad era contundente: a Checo solo le quedaban seis carreras por delante que podían ser las últimas de su historia en la Fórmula 1. Entonces ya no le importó lo que hiciera o dejara de hacer su coequipero Lance Stroll; tampoco tenía sentido demostrarle nada a Racing Point. Estaba dispuesto a correr para sí mismo y sabía que su rival a vencer era Albon, tenía que superarlo en la pista, carrera tras carrera. Era la última carta que le quedaba por jugar. En Portugal, Checo sumó seis puntos más y, aunque su séptimo lugar no fue lo mejor considerando que en los dos grandes premios anteriores había llegado en cuarta posición, fue valioso porque Albon no sumó, con lo que aumentó aún más la presión de su equipo.

Hacia finales de octubre cualquier otra opción que hubiera tenido Checo para fichar con alguna escudería de F1 se esfumó. Williams, Alfa Romeo y Hass confirmaron a sus pilotos para la temporada 2021, por lo que la única posibilidad que quedó para el piloto mexicano era Red Bull: «Creo que hay un momento en el que te arriesgas», expresó Checo, «esperas a ver qué pasa pero creo que la decisión está llegando a su fin». Faltaban cinco carreras y la moneda estaba en el aire. Sería con Red Bull o no sería.

«OTRO PODIO QUE REGALAMOS»

Ocho puntos no hubieran sido nada despreciables en otras circunstancias, pero no cuando el futuro de Checo estaba de por medio; el sexto lugar no era malo pero no cuando había hecho una carrera impecable, lo suficiente como para haber alcanzado su primer podio de la temporada.

El 1º de noviembre Italia volvió a ser sede de un Gran Premio, el de Imola. Por primera vez en la historia se corrieron tres carreras en territorio italiano en una misma temporada debido a la pandemia. Paradójicamente, esa era la fecha en que debía correrse el GP de México pero la pandemia lo impidió; por entonces en el Autódromo Hermanos Rodríguez se había instalado un hospital para atender la crisis por covid-19.

Checo Pérez tuvo una mala jornada de clasificación que lo llevó hasta la posición número 11 en la parrilla de salida, pero durante la carrera el piloto tapatío volvió a demostrar su talento. Si algo había caracterizado a Checo a lo largo de su trayectoria en F1 era la capacidad para venir de atrás, incluso desde el fondo de la parrilla, y terminar en los primeros lugares. En Imola no fue la excepción. Partió del lugar 11 y hacia la vuelta 50 de 63 había alcanzado el cuarto lugar, en un circuito donde rebasar era casi imposible. Hacia la vuelta 51, un neumático del Red Bull de Marx Verstappen sufrió una pinchadura y el auto se despistó.

Checo avanzó hacia la tercera posición, sin tomar riesgos, ocupando el lugar que había dejado el holandés, pero el incidente también propició que el *safety car* saliera a la pista en tanto retiraban el auto y hacían las tareas de limpieza. Faltaban menos de 10 vueltas para terminar el Gran Premio y todo parecía indicar que Checo, a bordo de su Racing Point, alcanzaría su primer podio de la temporada.

De manera inexplicable el equipo llamó a Checo a boxes para cambiar neumáticos. Al piloto mexicano la orden le resultó sorprendente pero confió en que su equipo sabía lo que hacía e ingresó a pits. El resultado fue un desastre, al regresar a la pista Checo había perdido cuatro lugares y estaba en la séptima posición. Dada la dificultad del circuito, ya no pudo recuperarse, lo más que logró fue ganar una posición rebasando a Alex Albon que, presionado por el mexicano, cometió un error y se despistó.

Al cruzar la meta en sexto lugar, Checo estaba furioso: «No aprendimos nada de lo difícil que era adelantar en la clasificación», le dijo a su equipo por la radio y luego agregó: «Otro podio que regalamos». Nunca entendió la orden del equipo, tampoco los aficionados mexicanos que mentamos madres esa mañana porque para todos resultó absurdo lo que había decidido la escudería: «Era nuestro, totalmente, teníamos 15 vueltas menos en los neumáticos que todos los demás», expresó en una entrevista. «Me cuesta entender la situación, pero el equipo tiene más información. Después de la carrera entiendes mejor las estrategias, pero es la segunda vez que nos pasa, en Austria teníamos el podio en la bolsa, hoy también».

No había sido su decisión, no era un error del piloto, la orden de entrar a boxes había salido directamente del equipo. Checo no entendía qué estaba pasando, pensó que les había quedado claro a todos los miembros de la escudería que debían comportarse como un equipo, unidos hasta el final de la temporada para obtener el tercer puesto en el Mundial de Constructores. Pero parecía que Racing Point estaba empecinado en autosabotearse: «No tuvo ningún sentido detenerse en los pits. Ha sido un día muy doloroso y difícil de digerir. Estoy muy decepcionado, pero seguimos siendo un equipo y ganamos o perdemos juntos», expresó.

Rumbo al GP de Turquía, en Estambul (15 de noviembre), Checo intentaba mantenerse ecuánime. Pasado el trago amargo de Imola, comentó en una entrevista: «Estoy satisfecho con mi desempeño, obviamente las cosas podrían haber ido mejor, debería tener dos podios esta temporada y muchos más puntos. Perderse dos carreras no es lo ideal en un campeonato tan corto».

La escudería Red Bull no quiso seguir el camino de Racing Point y en los siguientes días evitó los rumores. Decidió respaldar a su piloto Alex Albon hasta el final de la temporada y anunció que una vez concluida la campaña tomaría una decisión sobre la elección de su segundo piloto para 2021, que incluso podía ser el mismo Albon. Los nombres se habían decantado y junto al tailandés —que tenía el destino en sus manos y dependía de sí mismo— se hablaba de que la elección involucraría también a Nico Hülkenberg, Hulk, quien había sido compañero de Checo Pérez en temporadas anteriores y además fue su reemplazo ante la ausencia del mexicano por su contagio de covid-19, y también de Lance Stroll cuando igualmente enfermó. Como una broma del destino, Hülkenberg corrió con el overol rosa de Racing Point del que se había burlado cuando el color fue adoptado por la entonces escudería Force India.

Los números favorecían a Checo. Nico llegó a la F1 en 2010 contratado por Williams y tenía en su haber 179 grandes premios; Checo debutó en 2011, sumaba 187 carreras y seguía activo. Hülkenberg no estaba retirado pero no tenía equipo, corría como piloto de reserva. Fueron compañeros en Force India de 2014 a 2016, y del duelo entre coequiperos, el mexicano tuvo mejores números. Con un desempeño similar, ambos pilotos podían ser una buena opción para Red Bull, pero mientras el alemán esperaría el desenlace desde la tribuna del espectador, Checo y Albon tenían cuatro carreras por delante. El final estaba cerca.

«PÉREZ ES TU HOMBRE»

En 2020 Checo apostó su resto a la mejor opción que era Red Bull. Mantuvo la serenidad y supo ser paciente, a sabiendas de que su apuesta podía salir mal y perderlo todo. Pero prefirió aguardar en lugar de precipitarse y terminar en un equipo menor que nada le aportaría. El 2013 fue distinto, Checo iba por su tercera temporada, había mostrado un gran desempeño en Sauber y tenía la insolencia y el desparpajo propios de la juventud, se quería comer al mundo.

Al término de la temporada 2012 se abrió la posibilidad de firmar con Ferrari. Checo era parte de su academia de pilotos y, con los buenos resultados alcanzados en el año, el siguiente paso, casi de manera natural, era firmar con la escudería italiana. El único inconveniente es que no atravesaba por un buen momento. El diablo se le presentó a Checo para seducirlo, tenía la forma de la escudería McLaren, que había ganado siete grandes premios en 2012. El piloto mexicano no lo pensó dos veces, podía ser el equipo con el que llegara a consagrarse en la F1, pero no fue así.

«En retrospectiva», recordaría Checo, «si no hubiera ido a McLaren, ciertamente hubiera ido a Ferrari, pero las cosas cambian muy rápido en la F1. En ese momento McLaren dominaba, me ofrecieron un contrato; tenía mucho sentido en ese momento. Desafortunadamente no resultó. El coche era bastante malo, y no fui capaz de conseguir ningún podio o luchar por nada más que puntos».

Habían pasado siete años desde entonces y se estaba jugando su futuro a una carta, la mejor. En la segunda semana de noviembre las escuderías viajaron a Estambul para correr el Gran Premio de Turquía. Los dos autos de Racing Point dieron la nota en la prueba de clasificación. Lance Stroll obtuvo la *pole position* y Checo la tercera posición; en sus 10 años en la F1 era la primera vez que arrancaría en la segunda fila. La escudería inglesa estaba en los cuernos de la luna.

Sergio corrió como si fuera campeón del mundo, como si fuera el último Gran Premio de su carrera. Los diarios señalaron que había dado una cátedra de manejo. Hizo una estrategia a una sola parada y cruzó la meta en segundo lugar con sus neumáticos a punto de desintegrarse: «Fue una carrera caótica pero con un muy buen resultado para el equipo. Una vuelta más con esos neumáticos y creo que habrían explotado», expresó.

Finalmente llegó el anhelado podio, el que se le había negado a Checo durante todo 2019 y que se le había ido de las manos en dos ocasiones en la temporada 2020. Era su noveno podio y recibió su trofeo junto a dos campeones del mundo: Lewis Hamilton, que con la victoria alcanzó su séptimo campeonato, y Sebastian Vettel, que llegó en tercer lugar. Por si fuera poco, Checo superó a Lance Stroll y le demostró a todo el equipo que, a pesar de ser hijo del dueño de Racing Point, era un segundón. Su carrera fue un fracaso, largó en primer lugar y terminó en noveno.

Con su podio, Checo también mandó una nueva señal a Red Bull: volvió a vencer a Alex Albon que cruzó la meta en séptimo lugar: «Fue una carrera perfecta y sin errores. Un día muy especial», expresó eufórico. La alegría se reflejaba en su sonrisa por muchos motivos: el podio esperado, una cachetada con guante blanco a su escudería y el convencimiento de que estaba cumpliendo con una de las metas que se había trazado al inicio de la temporada, ser el cuarto mejor piloto del mundo.

INTERCAMBIO DE BANDERAS

Fue como una especie de karma, como si por un instante el destino se burlara de los hombres, como siempre lo hace. Los dos protagonistas del caso Racing Point, Checo Pérez y Sebastian Vettel, compartían el podio en el Gran Premio de Turquía —15 de noviembre de 2020—. El ganador fue Lewis Hamilton, que con su triunfo alcanzó su séptimo campeonato de mundo; Checo cruzó la meta en segundo lugar y Seb lo hizo en tercero. Pero, al momento de tomar sus posiciones en el podio, la bandera alemana ondeó encima del tapatío y la enseña tricolor por encima de Vettel. Fue curioso ver cómo aparecían las banderas de sus países intercambiadas. Como eran imágenes digitales, segundos después los organizadores del Gran Premio corrigieron el error y no pasó a mayores, sin embargo, las fotografías del momento no dejaron lugar a dudas: por unos segundos Checo fue alemán y Sebastián, mexicano.

El segundo lugar en Turquía no llevó a Checo a cantar victoria porque sabía que no estaba más cerca de Red Bull de lo que había estado semanas antes. Días después de la carrera volvió a tomar las cosas con calma y a prepararse para la siguiente fecha: «Creo que estar en la Fórmula 1 no está cien por ciento relacionado con la actuación de los pilotos. Hay tantas cosas alrededor del asiento, alrededor de un piloto, que al final del día esto no está en mis manos». La única certeza que Sergio tenía a falta de tres carreras para terminar la temporada era la convicción de su talento. «Creo que ahora estoy en un muy buen nivel en mi carrera, probablemente en mi mejor momento en términos de experiencia, comprensión y comunicación con el equipo».

Pero las aguas se estaban moviendo, la opinión pública, los especialistas, los columnistas abonaban a favor del mexicano. Parecía absurdo que el mejor piloto después de Hamilton, Bottas y Verstappen no tuviera un asiento en la F1 para 2021. El propio director de la máxima categoría, Ross Brawn, se pronunció a favor de Checo: «Sería una tragedia si no está en la F1 el año que viene. Merece su lugar en la parrilla... Si eres un equipo que quiere un piloto competitivo para maximizar cada oportunidad, Pérez es tu hombre».

Mientras Checo preparaba maletas para el Gran Premio de Baréin, se dio tiempo para escribir en su cuenta de Twitter: «¡Qué temporada tan increíble! Aún mucho en juego con tres carreras por delante, no hay que confiarse. ¡Vamos a cerrar con todo!».

EN LLAMAS

Checo llegó a Baréin ubicado en el cuarto lugar de la clasificación del Mundial de Pilotos de Fórmula 1, con 100 puntos, a uno de empatar su mejor registro alcanzado en la temporada 2016; junto con Lewis Hamilton era también el único piloto que en la temporada 2020 había logrado puntuar en todas las carreras en las que había participado. Todo apuntaba para que fuera el mejor año de toda su trayectoria en la F1. A pesar de la discreta actuación de Lance Stroll a lo largo de la temporada, la consistencia de Checo en la pista tenía a Racing Point en la tercera posición del Campeonato Mundial de Constructores, que estaba disputando palmo a palmo con la escudería McLaren.

El Circuito de Baréin le caía bien a Checo: en 2014 logró cruzar la meta en tercer lugar y por el rendimiento de su auto en las últimas semanas había posibilidades de que tuviera una actuación como la de Turquía. La expectación era grande. Las luces del semáforo se apagaron y comenzó el Gran Premio (29 de noviembre). Checo largó desde la quinta posición detrás de Albon. Su arrancada fue espectacular y al llegar a la primera curva había rebasado a su principal rival, el piloto de Red Bull, a Valtteri Bottas, de Mercedes, y ocupaba la tercera posición; era un buen comienzo.

Sin embargo, los autos ni siquiera habían alcanzado a dar la primera vuelta al circuito cuando el piloto Romain Grosjean, de la escudería Haas, se impactó contra la barrera de contención y su auto estalló en llamas. Los espectadores que seguíamos la carrera en todo el mundo contuvimos el aliento; no era un accidente cualquiera, el monoplaza se había partido en dos, la parte trasera del auto permaneció en el lado interior de la pista pero el habitáculo donde se encontraba el piloto estaba del otro lado de la valla envuelto por el fuego.

Los equipos de seguridad se presentaron de inmediato para tratar de apagar las llamas pero parecía imposible hacerlo, el fuego no cedía. El coche no se había incendiado con el impacto, había estallado como no se veía desde hacía mucho tiempo. En la transmisión por televisión se podían escuchar los gritos de desesperación de la gente que se encontraba en el autódromo frente al accidente.

Salieron las banderas rojas y la carrera fue detenida. Los segundos se hacían eternos mientras las llamas parecían solazarse con los restos del auto. Los comentaristas se mostraban consternados, los aficionados estábamos atónitos. En la zona de pits, los miembros de todos los equipos, incluyendo los pilotos, miraban los monitores con angustia. Todos deseaban que Grosjean estuviera bien, pero las imágenes mostraban lo que podía ser un desenlace fatal. Fueron los momentos más dramáticos de la temporada 2020.

Al cabo de unos minutos, de una forma casi milagrosa, de entre las llamas apareció Grosjean, se apoyó en la barrera de contención y saltó al interior de la pista para alejarse de las llamas mientras los equipos de seguridad lo rociaban con los extintores. Ayudado por la gente de pista, pero por su propio pie, el piloto francés caminó lentamente hasta la ambulancia. El mundo de la Fórmula 1 respiró.

El Gran Premio se reanudó más de una hora después del accidente de Grosjean y apenas empezaban a girar los autos,

Lance Stroll tuvo un alcance con Daniil Kvyat y su auto se volteó, quedando los cuatro neumáticos apuntando hacia el cielo. A pesar de lo sucedido, Checo no perdió la concentración; en el segundo reinicio del GP conservó la tercera posición y mantuvo a raya a Albon, que intentaba darle alcance.

Pero ese día todo parecía estar en contra de Racing Point. Checo avanzaba firme para cruzar la meta en tercer lugar pero, a tres vueltas del final, el RP20 comenzó a sacar humo, inexplicablemente el auto perdió potencia y el piloto mexicano tuvo que orillarlo. Segundos después ardía en llamas. Albon se encontró con el tercer lugar que ocupaba Checo y subió al podio junto con su compañero Marx Verstappen. Aunque fue de manera fortuita, la sonrisa le volvió al rostro al tailandés, el resultado era un respiro en sus aspiraciones por conservar su lugar en Red Bull.

«Son cosas que pasan en el deporte», expresó Checo con ciertos aires de frustración. Tenía el podio en la mano y de pronto se esfumó, pero no le preocupó el resultado de Albon: a lo largo de la carrera había impuesto las condiciones y la falla de su auto no era atribuible a él. Las declaraciones de Christian Horner, unos días después de Baréin, abonaron a su favor: «No se tomarán decisiones hasta después de la carrera final. A Alex le estamos dando todas las oportunidades, queremos que tenga éxito, creo que lo hemos tenido claro todo el tiempo y días como el domingo lo ayudan, pero hay dos carreras más y Sergio está haciendo el mejor trabajo que puede para asegurar que siga siendo considerado. Alex hizo una buena carrera. Sergio tuvo mala suerte, Alex se benefició de su desgracia, y eso es lo que necesitamos ver de Alex..., estuvo ahí para capitalizar la desgracia de Sergio».

Luego del GP de Baréin en la escudería Racing Point el ambiente era sombrío. El equipo no sumó puntos y perdió el tercer puesto en el Mundial de Constructores ante McLaren con dos fechas para terminar la temporada. Checo también perdió el cuarto lugar en el Mundial de Pilotos, fue superado por Daniel Ricciardo, pero nada de lo sucedido en Baréin le quitó el sueño.

Luego de la carrera, Checo habló con toda honestidad: «Hicimos un fin de semana perfecto en el que cumplimos con lo que teníamos que hacer. Íbamos a sumar un podio que estaba totalmente en la bolsa, pero también es irrelevante, un podio más o menos es igual en este momento. Lo que importa es que Grosjean está bien. Fue muy duro ver esa imagen y tener que correr en 10 minutos y subirnos al coche otra vez. Después de lo ocurrido hoy, un trofeo más, uno menos, me da igual. Lo que vale es que Grosjean está con nosotros».

LA CARRERA PERFECTA

Era su primera victoria en la Fórmula 1, la había buscado por años y finalmente llegó. El mexicano se veía eufórico, no podía ser de otro modo. Ese día fue el mejor piloto de todos. Llegó el momento de la premiación y de pronto se escucharon algunas notas musicales que hubieran hecho palidecer a Jaime Nunó y una letra con la que seguramente Francisco González Bocanegra se habría revolcado en su tumba: era el mismísimo Frank Sinatra interpretando «South of the Border», melodía que los organizadores del Gran Premio consideraron lo más cercano al himno nacional mexicano, del que no había un solo disco en toda Sudáfrica. A partir de aquel triunfo en Kyalami, Sudáfrica, en 1967, Pedro Rodríguez siempre llevó en su equipaje un disco con el himno mexicano. Lo pudo estrenar tres años después, cuando obtuvo su segunda victoria en F1 en el circuito de Spa-Francorchamps, en el GP de Bélgica, en 1970.

Transcurrieron 50 años para que volviera a escucharse el himno nacional mexicano en la ceremonia de premiación de un Gran Premio de Fórmula 1, Checo lo había logrado en Sakhir. Subió al podio con su cubrebocas, testimonio de la temporada covid-19, y antes de recibir el trofeo miró al cielo, extendió los brazos y apuntó al infinito agradeciendo al universo, a Dios, a la guadalupana y a toda la corte celestial que lo habían acompañado en el penúltimo Gran Premio de la temporada hasta cruzar la meta en primer lugar.

Checo no corrió un Gran Premio, escribió un *thriller* psicológico con el que mantuvo a los espectadores al límite. El domingo 6 de diciembre, apenas una semana después del accidentado GP de Baréin, la F1 regresó al mismo circuito pero con un trazo perimetral, menos curvas y más rápido. Si en el Gran Premio anterior los dioses del automovilismo conspiraron en contra de Racing Point y de sus pilotos, y todo lo que pudo salir mal salió peor, en la penúltima carrera de la temporada el destino lo compensó.

Pero el inicio fue desconcertante. Una vez más parecía que el mundo se le vendría encima a Sergio y el Gran Premio sería un desastre. Luego de una largada prometedora en la que arrancó en quinta posición y en segundos ya estaba en el tercer sitio, un roce del piloto Charles Leclerc de Ferrari lo sacó de la pista. Checo fue llamado a pits y se incorporó a la carrera en el lugar 18, que era el último ante el abandono de Leclerc y de Marx Verstappen, que también había sido tocado por el piloto de Ferrari. El panorama no podía ser más desalentador: «Después de la primera curva pensé que todo estaba perdido, que era un fin de semana en el que no se nos darían las cosas injustamente, porque yo no había cometido ningún error».

Cuentan que en alguna ocasión Ayrton Senna dijo que su sueño como piloto era partir del último lugar en la parrilla de salida y ganar la carrera. El piloto brasileño ganó todo lo habido y por haber pero nunca se le presentó una oportunidad así. Checo Pérez logró la hazaña.

De nuevo en la pista, el piloto mexicano condujo de manera impecable y fue dando cuenta de sus rivales uno a uno, sin apresurarse, arriesgando lo necesario; hizo rendir al máximo su auto y su equipo en los pits se comportó a la altura. Con poco más de 20 vueltas por terminar la carrera, Checo llegó hasta el tercer puesto, dejando atrás incluso a su coequipero Lance Stroll y a Alex Albon. «Estaba todo perdido», comentaría después, «tuvimos que recuperar, tuve el contacto. Cometí un error en el calentamiento con mi neumático, bloqueé mi neumático y tenía unas vibraciones impresionantes, pudimos ir largo pero no teníamos el ritmo, aun así nunca dejé de empujar. Había un momento en donde las manos ya no las aguantaba por las vibraciones, pedía parar antes y el equipo me mantuvo afuera».

El tercer lugar hubiera sido un triunfo para Sergio pero la suerte también cuenta y la fortuna le sonrió. Hamilton no corrió el Gran Premio porque había dado positivo a covid-19. Su lugar fue ocupado por George Russell, que fue prestado por Williams. Sorprendentemente, el joven inglés iba a la cabeza del Gran Premio escoltado por el otro Mercedes, piloteado por Valtteri Bottas. La ventaja de los Mercedes sobre Checo era abismal. Un accidente provocó que el *safety car* entrara a la pista y Russell y Bottas aprovecharon para entrar a boxes a cambiar neumáticos. Las detenciones de ambos pilotos fueron un desastre: a Russell le colocaron los neumáticos que le correspondían a Bottas y así lo sacaron a la pista; cuando ingresó Bottas a boxes, el equipo se percató del error y perdieron casi 30 segundos en preparar otro juego de llantas. Russell tuvo que regresar a los pits para que el equipo corrigiera su error y Checo ocupó la primera posición. Ya nadie pudo arrebatarle la punta.

Del último sitio al primer lugar, 17 posiciones remontadas. Checo Pérez cruzó la meta y recibió la bandera a cuadros. Su primera victoria en F1, su noveno podio en 10 años. La bandera mexicana y el himno nacional ante los ojos del mundo: «Esta carrera tiene muchos significados», dijo Antonio Pérez Garibay, padre de Checo, «esta es la carrera perfecta, es la carrera que cualquier piloto de Fórmula 1 quisiera ganar y ganar de esta forma. Arrancar la carrera, que se te ponche la llanta, entrar a los pits, cambiar de llanta, salir en último lugar y ganar la carrera, esa era la carrera que quería ganar Ayrton Senna».

A lo largo de 10 años Checo había enfrentado todo. A dos carreras de terminar una dramática temporada y aún sin asiento para la temporada 2021, obtuvo su primera victoria de forma épica. Cualquiera que hubieran sido las circunstancias, lo cierto es que nunca se había rendido. *Never Give Up*.

EL SAFETY CAR

1 La primera vez que se utilizó un SC en la F1 fue durante el GP de Canadá en 1973.

2 Cuando ocurre un accidente durante la carrera, si los jueces consideran que pone en riesgo a los demás pilotos, se pone bandera amarilla en todo el circuito junto con una señal con las iniciales SC (*safety car*).

3 Todos los equipos son informados y el auto de seguridad, manejado por un piloto profesional, sale a la pista, con las luces encendidas.

4 Todos los automóviles se alinean detrás de él en el orden en que se encontraban hasta el momento del accidente y no pueden rebasar.

5 La contabilidad de las vueltas de la carrera continúa e incluso puede concluir la misma, con el SC al frente.

6 Una vez solucionado el problema, el SC apaga las luces para indicar que en la siguiente vuelta reinicia la carrera de manera normal.

DE MCLAREN A FORCE INDIA

EL CANTO DE LAS SIRENAS

Contestó el teléfono y Checo se preguntó si no se trataba de una broma. Pero no. En efecto, era ella. Una de las más famosas, reconocidas y deseadas. Apreciada en todos lados por su seriedad y buena educación, además de sus excelentes costumbres.

Clásica, elegante e inconfundiblemente británica, le estaba haciendo una propuesta para unir sus destinos. Era la escudería McLaren que necesitaba un piloto para reemplazar a Lewis Hamilton, quien había anunciado su cambio a Mercedes.

Sergio Pérez fue el elegido. Ya se sabía desde antes de finalizar la temporada 2012 que no continuaría en Sauber porque su evolución en la Fórmula 1 llamaba la atención de equipos más poderosos. Si en su año de debut había sumado 14 puntos, al siguiente lograría 66 con tres podios y entraría a la meta entre los 10 primeros lugares siete veces.

Con esos resultados y un contrato con la Academia de Pilotos de Ferrari, subirse al F138 no parecía un sueño inalcanzable, pero la escudería italiana decidió que Fernando Alonso y Felipe Massa se mantuvieran en sus monoplazas. Según se ha especulado, en Maranello pensaban que para 2014 se le abriría la puerta al piloto mexicano en su escudería, e incluso fue invitado a firmar en otra posición de antesala a la máxima categoría, pero decidió tomar otro camino. El contrato de Ferrari le ofrecía la posición en la antesala y a la vez le permitía seguir corriendo para Sauber en 2013, en espera de darle un asiento al año siguiente. Pero se atravesó una escudería grande y Checo se alejó de los bólidos rojos.

Gente cercana a McLaren aconsejó la firma de Sergio y una de ellas fue Adrián Fernández, que tenía muy buena relación con Ron Dennis, el gran jefe del equipo de Woking, Reino Unido. Así, el 28 de septiembre y a seis carreras de terminar la temporada 2012, Vodafone McLaren Mercedes anunció en un comunicado que Sergio Pérez sería su segundo piloto para 2013. La gran promesa del automovilismo mundial podría convertirse en realidad.

No solamente el nombre de la escudería parecía ser una gran noticia para el tapatío. También lo era ser coequipero de Jenson Button, un campeón del mundo, y el hecho de tripular un auto que pese a no ganar el campeonato por diferentes circunstancias, era uno de los más rápidos de la parrilla. Lo que no sabía Sergio es que dentro de McLaren se estaba prendiendo un perol lleno de aceite.

Ron Dennis y Martin Whitmarsh, director ejecutivo de la escudería, discutían si debían desarrollar con algunos ajustes el auto del año anterior que había tenido un buen desempeño o si lo rediseñaban por completo. Parecía poco el tiempo para un cambio tan importante, pero Whitmarsh luchó hasta convencer al equipo de lanzar el nuevo modelo que sería presentado el 31 de enero.

Ver ese flamante MP4-28 despertaba gran optimismo, pero faltaba echarlo a volar en competencia. El circuito de Albert Park le estrelló en la cara a McLaren una contundente realidad: su auto no era tan competitivo como se había pensado. Los tiempos en la clasificación del primer Gran Premio de la temporada habían sido decepcionantes y lo mismo sucedió el domingo en la carrera: Button terminó en el noveno lugar, capturando solo dos puntos, y Sergio cruzó la meta en undécimo. Una semana después, en Malasia, el orden se invirtió: Checo fue noveno y Button abandonó con el número de vueltas suficiente para quedar registrado en el sitio 17.

Cuatro puntos para la escudería después de dos fechas eran muy poco para las aspiraciones de McLaren que, si bien había vivido a la sombra de otros durante los últimos años, estaba recuperando posiciones y necesitaba pelear por un título que había disfrutado por última vez en 2008. Habría que trabajar mucho el auto para tratar de conseguirlo.

Hay que decir que los problemas de Sergio no eran solo de índole mecánica. Comenzaron el mismo día en que se anunció su contratación, porque los medios lo trataron con cierto desdén: ni era británico —como cuando Button y Hamilton hacían una mancuerna cien por ciento inglesa— ni contaba con los entorchados para vestir el nómex de un equipo tan exclusivo.

La extrañeza no venía de un solo lado. A Checo también lo sorprendieron muchas cosas, empezando porque lo primero que hicieron fue mandarlo a la peluquería para quitarle la greña que le gustaba traer. Si estuviéramos en el mundo de la moda, McLaren es una pasarela en la que todo importa, empezando por el caminar. Todo tiene que estar bien presentado, ser espectacular y también ganador. Tiene su parte soberbia, flemática y exacta. No acepta cambiar los moldes de lo que debe ser, según lo dicta la cultura adquirida en 50 años de vida. Y Sergio..., Sergio es un corazón valiente pero con alma latina. No es el superhéroe ruidoso que esperaban los medios acostumbrados a personajes protagónicos. Tampoco el piloto que da respuestas polémicas ante la provocación.

El perfil de Checo es bajo. Si puede pasar inadvertido en las conferencias de prensa y en el mano a mano con los reporteros, mejor aún, porque donde le gusta hablar es con acciones en la pista. Con los años, su equipo de trabajo y el camino lo han acostumbrado a atender más a los medios, a dedicarles más tiempo a sus redes sociales y a fomentar las relaciones públicas con sus patrocinadores. Hoy lo hace mejor porque se ha adaptado, pero el Sergio Pérez de McLaren se estaba apenas enterando de todo ello.

La prensa inglesa no acepta personajes silenciosos en sus coberturas y sus reporteros, además de influyentes, son tiránicos, expertos en hacer preguntas incómodas y en perseguir por cualquier callejón oscuro al personaje que quieren entrevistar para arrancarle una exclusiva. Checo no se prestaba a ese juego porque no iba con su personalidad. Ayudado por su padre, quien le sugería ignorar a los incisivos reporteros, terminó distanciado con buena parte de la prensa británica, que lo trataba como si no hubiera estado ya dos años corriendo en la Fórmula 1. A veces lo hacían pasar como un desconocido, lo que irritaba con razón a los Pérez.

La campaña iba avanzando y una carrera tras otra dejaba claro que el nuevo auto no estaba a la altura, y se alejaba de los lugares importantes de manera dramática. Aunque en China y Baréin se sumaron puntos alentadores con quintos y sextos lugares que invitaban a una tímida esperanza, lo sucedido en Canadá, en la séptima fecha, representó un gancho al hígado: Checo entró a la meta en el lugar 11 y Button en el 12. Era la primera vez en 64 carreras que McLaren se iba en blanco.

Cuando esta situación se repitió en Silverstone ante la mirada de los fanáticos ingleses, las cosas ya estaban encendidas como hierro candente. Las peleas entre Ron Dennis y Martin Whitmarsh subían cada vez de tono y se culpaban uno a otro por las decisiones que se habían tomado en una tremenda lucha de poder. Eso hacía que la atmósfera dentro de la escudería fuera irrespirable las 24 horas del día. Se especulaba que Dennis ya no quería a Sergio en el equipo y que Whitmarsh le exigía paciencia: había que pensar ya en el auto de la siguiente temporada pero primero tenían que finalizar la que se estaba corriendo.

Hubo otro acontecimiento en medio de todo esto. Dos semanas después del fracaso en el circuito de Silverstone se llevó a cabo el Festival de Velocidad de Goodwood, en una enorme finca del mismo nombre que a 70 kilómetros de Londres recibe cada año a la crema y nata del mundo de la velocidad. La reunión más esperada e importante del medio automovilístico convocó a 185 000 personas durante cuatro días con la presencia de pilotos actuales y retirados, patrocinadores y coleccionistas tanto de autos clásicos como de competencia en todas las categorías. Los fans también asisten para charlar con los pilotos en un ambiente festivo y los ases del volante se dejan tomar fotografías, firman autógrafos y exhiben sus cualidades al volante en exhibiciones espectaculares. Volvemos a los usos británicos: es una reunión de culto en el mundo del automovilismo a la que no se puede faltar. Y McLaren, como la escudería de casa, menos todavía.

Cuenta la leyenda que en algún momento Ron Dennis necesitaba a Checo para atender a algún patrocinador y lo mandó llamar pero nadie lo encontró. Por algún malentendido o por no entender la importancia del festival, ya estaba en un avión volando hacia México, siguiendo las instrucciones que le había dado Toño Garibay, según algunas versiones. Ron Dennis, ahora sí, empezó a buscar piloto para la siguiente temporada. El hígado estaba a punto de reventarle.

La campaña continuó bajo el mismo tenor: pocos resultados y mucha tirantez. El 12 de noviembre en su cuenta de Twitter Checo compartió un comunicado en el que agradecía a McLaren ese año de aprendizaje, al tiempo que anunciaba que no continuaría siendo su piloto para 2014. El contrato por un solo año estaba por expirar y no sería renovado.

Tiempo después, Sergio dijo que su representante había fallado al no haber comprometido a la escudería más que por una temporada, pero la relación había sido difícil y, para muchos, insostenible. Un contrato más largo hubiera alargado la pesadilla. Después del anuncio todavía se celebraron dos carreras: la de Austin en Estados Unidos y la de Interlagos en Brasil, donde Checo terminó en séptimo y sexto lugar, respectivamente. De hecho, en sus últimos cuatro grandes premios con McLaren sumó puntos pero no pudo evitar junto con Button que la escudería fracasara rotundamente: no logró un solo podio en toda la temporada, lo que no sucedía desde 1980.

El matrimonio entre McLaren y Sergio Pérez fue una pena porque no se entendieron mutuamente. La escudería no estaba lista para recibir a un joven de esas características, ni el corazón noblemente latino del piloto para nadar en un lugar acostumbrado a los tiburones. Aquella llamada a la que no se podía contestar que no dejó su legado. Andar con lobos a aullar enseña y a Checo le estaban creciendo los colmillos. Lo que ya no tenía era un asiento y eso, ciertamente, era muy peligroso por el escaso tiempo del que disponía para moverse.

EL REY DE LOS BUENOS TIEMPOS

El encanto de la máxima categoría ha despertado el interés de diferentes magnates que han entrado a su mundo por diferentes razones. Aquí hay otra buena historia que contar: la de Vijay Mallya, que en 2007 adquirió en 88 millones de dólares un equipo de Fórmula 1, al que rebautizaría con el nombre de Force India.

Heredero como hijo único de un emporio cervecero en su país que a los 28 años lo colocó en la silla principal, rehusó ser de perfil bajo como le había aconsejado Vittal, su millonario padre, conocido como el Barón del Licor. Sus personalidades eran totalmente opuestas. Demos algunas pinceladas sobre la forma en que rompió algo más que los esquemas.

Dedicarse a la industria cervecera en India implicaba hacerlo con discreción porque es un país en el que el consumo de alcohol estaba tan mal visto que se prohibía su publicidad. Vijay lanzó un agua mineral con la misma marca de la cerveza: Kingfisher. Eso sí estaba permitido, lo que dio paso a una comunicación con truco: la locación de los comerciales era un antro en el que una multitud de jóvenes bailaba y brindaba feliz en la barra, con agua mineral. La asociación de ideas con la cerveza era inevitable.

También inauguró el primer pub estilo inglés en Bangalore, donde se consumía su cerveza con enjundia sin igual. La semilla prendió: pronto habría 40 establecimientos iguales en la ciudad. Su inventiva era ilimitada: fundó una línea aérea con el mismo nombre de la cerveza, logrando un gran éxito. Fue la primera de bajo costo en India, pero con un servicio excepcional. Los aviones eran puntuales y limpios, el personal siempre atendía con una sonrisa y presumía no contratar azafatas, sino modelos. Las azafatas, en efecto, eran sometidas a rigurosos entrenamientos para estar en forma y contaban con nutriólogos expertos que les confeccionaban sus dietas.

Vijay Mallya se autonombró el Rey de los Buenos Tiempos y logró hacer de su imagen una aspiración social. Amante del lucimiento personal, organizaba excéntricas fiestas para miles de invitados. Para festejar sus 50 años, por ejemplo, pagó una fortuna a Lionel Richie para llevarlo a cantar a un estupendo salón de su propiedad en India. No existían los límites y lo que vendía Vijay Mallya no era su cerveza o sus viajes en avión, sino su propia marca personal: era toda una celebridad.

En una visita a la fábrica de aviones Airbus en Francia se le pasó la mano en las compras: decidió ahí mismo que su línea aérea sería ahora del máximo lujo posible. Abandonando su fórmula triunfadora, tiró la casa por la ventana y pidió un crédito de 200 millones de dólares a la banca pública india, no siempre bien administrada en esa época. Se los otorgaron sin pensarlo. Eran tales su fama y encanto que ni siquiera le pedían los requisitos básicos y las garantías para un préstamo de ese tamaño. Se trataba de una práctica recurrente a favor de ciertos empresarios.

Kingfisher Airlines se transformó en algo de otro mundo: ahora tenía ya primera clase, seis azafatas por vuelo y servía langosta Thermidor en el almuerzo. Vijay había volcado a su aerolínea la imagen de su estilo de vida. Los precios que cobraba no correspondían al extraordinario servicio: como quería competir con las demás líneas, los mantenía bajos. Los primeros 18 meses arrojaron pérdidas pero afirmaba que jamás se iría a la bancarrota y tomó otra medida sorpresiva: compró a un costo exagerado otra línea local, Air Deccan, para absorberla y lograr con ello cobertura internacional. Inauguró rutas para volar diariamente y sin escalas a Singapur, Londres y Nueva York. Su aerolínea era más grande que Air India, pero para 2007 había acumulado 243 millones de dólares de deuda para mantenerla a flote.

Para Mallya era vital hacer sonar el nombre de India y de sus productos fuera de sus fronteras, y al crecimiento de su línea aérea sumó otra decisión: comprar un equipo de Fórmula 1. Además de la decisión mercadológica, existe otro antecedente: antes de la muerte de su padre era piloto de carreras y ganó el campeonato nacional de India en 1982. A Vittal no le gustaba esa afición de Vijay porque, decía, «lo aleja del mundo de los negocios». Meses después de su triunfo tuvo que abandonar el volante para asumir la dirección de la empresa, aunque nunca dejó de ser fan del automovilismo. Así que, 25 años después de bajarse del coche y pese a que ya cargaba esos considerables pasivos, en 2007 adquirió al modesto equipo Spiker F1, con el que pagó derecho de piso: en su primera temporada fue décimo —y último— lugar con Adrian Sutil y Giancarlo Fisichella como pilotos. Checo, recordemos, estaba en ese momento abriéndose camino en la GP2. Force India apostó por el desarrollo del coche y cada año solía mejorar posiciones: en su segundo año fue noveno sitio, luego séptimo y llegó a alcanzar algún sexto. Empezaba a hablarles con menos respeto a los grandes.

Mallya logró otro sueño, ver correr a su equipo en tierra propia. Resulta que India, en su afán de sonar más en el ámbito deportivo, logró tener un Gran Premio de la máxima categoría. La inversión destinada a construir el Circuito Internacional de Buddh, cerca de Nueva Delhi, generó críticas por los cientos de millones de euros destinados al autódromo en uno de los países más pobres y de mayor desigualdad social en el planeta. Pero aun así debutó en el calendario de la temporada 2011.

Con un aforo para 110 000 espectadores, fue muy exitoso en su primer año porque despertó el interés de la clase social acomodada, pero fue perdiendo fuerza rápidamente y desapareció del serial para 2014. La última vez que jugó de local, Force India logró sus mejores lugares en el circuito de Buddh con el octavo puesto de Paul di Resta y el noveno de Adrian

Sutil, sumando puntos los dos. Esa fue, casualmente, la mejor tarde de Sergio Pérez en toda su temporada de pesadilla con McLaren. Entró en quinto lugar. Pronto se cruzarían aquellos caminos.

LA FOTO FANTASMA Y EL RESCATE URGENTE

Tras el anuncio de su salida de McLaren, la difícil búsqueda de Checo para encontrar una nueva escudería no ofrecía pistas. La inquietud era cada vez mayor porque transcurrían las semanas y no pasaba nada. Enero y febrero se fueron como agua. Cuando faltaba semana y media para el inicio de los entrenamientos de pretemporada, en las redes de la Escudería Telmex apareció una foto que parecía despejar la incógnita de manera definitiva: era Sergio mostrando un papel que decía «Renault». Unos minutos después, la noticia estaba en todos lados. No había comunicado acompañando la imagen y se especuló que se iría a hacer equipo con Fernando Alonso, que Alain Prost lo estaba ayudando a colocarse y quién sabe cuántas cosas más.

Después de tejerse mil historias, el gozo se fue al pozo: la fotografía había desaparecido de las redes sociales de la escudería y no hubo firma de contrato que anunciar. De cualquier forma, el asunto ya se había hecho viral. ¿Se trató de una estrategia? ¿De gritarle al mundo de la Fórmula 1 que Checo estaba suelto? Nunca se aclaró.

Sin embargo, al desaliento le siguió una buena noticia: una semana antes de empezar la pretemporada, la escudería de

Vijay Mallya anunció su firma de contrato con Sergio Pérez. Para ese entonces el dueño de la escudería había acumulado más problemas pero estaba decidido, a punta de créditos, a salvar su aerolínea y mantener tanto su escudería como el equipo profesional de críquet que también había adquirido.

Hagamos cuentas: el golpe de la recesión en Estados Unidos que se extendió al mundo entero en 2008 ya había sido tremendo. La gente no tenía dinero y los asientos vacíos en los aviones se multiplicaban. Mallya obtuvo otro crédito millonario al año siguiente, autorizado gracias a las proyecciones de ganancias no auditadas de Kingfisher Airlines y el valor de su marca, que habitualmente no es una garantía susceptible de préstamo. Para 2010, la deuda de sus empresas ascendía a 3 912 millones de dólares y al año siguiente sucede otra fatalidad: el precio del combustible subió de 48 a 130 dólares. Indian Oil canceló en 2011 sus líneas de crédito y abasteció solamente el combustible pagado en efectivo.

La calidad del servicio de Kingfisher Airlines era insostenible. Muchas veces faltó dinero para pagar el *catering*. No había alimentos suficientes para los pasajeros y la tripulación cedía los suyos, resignada a comer algo cuando aterrizaran en el siguiente aeropuerto. Pese a que las cosas no podían ir peor, Mallya manejaba su personaje: decía que todo eso era mentira, que saldría adelante con todo su equipo de trabajo y se veía siempre optimista, carismático y encantador.

Era un hecho que en la Fórmula 1 mejoraban los resultados de Force India, y también que en el camino encontró un piloto que le proporcionó alivio tanto en el desarrollo del auto como en su maltrechas finanzas: aquí es donde se unen Sahara

Force India F1 Team y Sergio Pérez. A una semana del arranque de la pretemporada, con Checo seriamente amenazado de quedar fuera del gran circo, se cierra el acuerdo.

Existían ventajas para ambas partes. De lado del piloto, pertenecer a una escudería de media tabla hacia atrás le quitaría presión. Force India era ya el séptimo mejor equipo de la parrilla pero, habiendo recuperado de Sauber el año anterior a Nico Hülkenberg, contar con Sergio al volante permitía crecer aún más. Checo era mejor opción que Paul di Resta y Adrian Sutil, sus volantes de la temporada anterior. Las únicas vueltas rápidas en la historia de Sauber las había conseguido el mexicano y sus actuaciones le daban méritos suficientes para continuar en el circuito.

De la baraja potencial de pilotos disponibles, era el mejor por su talento y por la bolsa de patrocinios que traería consigo. Un estudio publicado por la revista *Forbes* en octubre de 2017 refiere que la Escudería Telmex invirtió 16 millones de dólares en el patrocinio a Force India, repartidos en diferentes acuerdos de tres empresas del grupo encabezado por Carlos Slim.

A eso se sumó el patrocinio igualmente leal hacia Sergio de InterProtección, con la que hay una historia también relevante. Cuando Checo daba solitario sus primeros pasos en Alemania, recibió de paso la visita de alguien que había viajado para asistir al Mundial de Futbol de Alemania 2006. Su nombre es Juan Ignacio Casanueva, segunda generación de una exitosa familia dedicada a la correduría de seguros. Al acompañarlo a una de esas carreras en tierra de nadie y con los 15 años que Sergio tenía, le dijo que, si ganaba, le daría 5 000 dólares. Era la apuesta. No ganó una, sino varias, y eso le ayudó a salir adelante en esas etapas de bolsillos vacíos. Hoy, Juan Ignacio es director internacional de la compañía y un destacado ejecutivo mexicano. Su empresa apoya a Sergio desde el inicio de su carrera y divide su inversión en dos partes: una directamente para el piloto y otra para la escudería con que compite. Reunidas el hambre y las ganas de comer, piloto y escudería hicieron una buena alianza.

Con tan pocos días para que iniciara la temporada, cuando firmó su contrato, Sergio tuvo que apresurarse a conocer el auto y la sede de la escudería en Silverstone, Inglaterra. Checo ayudó mucho a desarrollar el coche de Force India, a terminar carreras, a no chocar para sumar puntos y por lo tanto a recibir premios económicos. Así funciona la Fórmula 1: de acuerdo con los resultados se divide el dinero de los derechos de transmisión de la máxima categoría.

Para quienes piensan que es el patrocinio el que hace a Sergio piloto de la máxima categoría, habrá que decir que, en efecto, sin inversión de grandes cantidades no se llega al asiento de un monoplaza. Pero también que, sin la capacidad para manejarlo, no se pasa de la primera curva. Si Force India ya había alcanzado el séptimo lugar entre los constructores, con Sergio fue sexto en dos ocasiones y en otras dos ocupó el cuarto lugar.

Diciéndolo de otra manera, la escudería se convirtió en el equipo que más crecimiento sostenido había logrado en la historia de la Fórmula 1. Detrás de los tres grandes, que son Mercedes, Red Bull y Ferrari, apareció el equipo revelación en 2016 y 2017, desplazando a nombres célebres como Williams, McLaren y Renault. De ese tamaño.

Los éxitos en esta cara de la moneda no se replicaban para Vijay Mallya en el otro. La euforia de las celebraciones en las pistas contrastaba con la desolación entre los miles de empleados que en India habían dejado de percibir su sueldo durante seis meses. El mensaje de su líder era que esperaran un poco más, que tuvieran paciencia porque en un plazo muy breve podrían ser pagadas las deudas. Pero eso no sucedió.

Si las pérdidas en sus empresas para 2011 eran de 1 165 millones de dólares, cinco años después eran ya incalculables. La esposa de uno de sus empleados se suicidó, responsabilizando a Mallya por la presión de no tener ni qué comer en casa. El hecho explotó en los medios y en la imagen del empresario.

El 18 de diciembre de 2015 Vijay cumplió 60 años y organizó otra faraónica fiesta en India con cientos de invitados. Ahora el cantante contratado fue Enrique Iglesias y el lujo de la celebración escupió en la cara a muchos de los comensales, entre los que había decenas de empleados en espera de sus sueldos. Ahí asumieron que Vijay sí tenía dinero en su cuenta personal y que en las empresas fuera de India seguía pagando sueldos. Se sintieron traicionados porque, al haberle tenido esa paciencia ciega, no le habían hecho sentir las repercusiones de su falta como en otros lugares sí sucedería. Ese pensamiento no era del todo correcto. En Force India se hacía ya grande la bola de nieve. Pero esa gota derramó el vaso en India.

Narendra Modi había asumido como primer ministro del país en mayo de 2014, poniendo el foco en el combate a la corrupción y la vigilancia especial a las operaciones de los grandes magnates. Una investigación confirmó el dato que ya se sospechaba: parte de los créditos millonarios concedidos a

Vijay Mallya para su línea aérea fue desviada para pagar deudas de su imperio y del equipo de Fórmula 1. Era fraude. Técnicamente, eso se llama desviación de fondos o lavado de dinero. Además, los fiscales determinaron que no se habían aplicado las reglas necesarias para autorizar los préstamos bancarios. En el proceso, las autoridades le prohibieron salir del país pero no le retiraron su pasaporte, por lo que se trasladó a Londres y siguió operando la escudería como pudo, hasta que en 2018 la reventó la crisis.

La máquina con la que se fabricaban las piezas de fibra de carbono para el desarrollo del auto se descompuso y eso hizo sus procesos más lentos y menos competitivos: no había manera de reponerla. Y como ocurrió con sus demás empresas, el personal del equipo empezó a sufrir atrasos graves en sus pagos. A Sergio Pérez, por ejemplo, se le debían dos años de sueldo.

La gente de la escudería resistió todo lo posible hasta que Mercedes, como proveedor de motores de la escudería, y el propio Checo rompieron el silencio tanto en los tribunales como en los medios de comunicación. El 26 de julio, a unas horas de iniciar los ensayos del Gran Premio de Hungría, Sergio hizo saber los graves problemas de Sahara Force India. No había dinero para desarrollar el auto ni para liquidar pasivos, que en el caso de Checo eran de unos cuatro millones de euros.

La declaración no llegó sola. Se necesitaba que una figura relevante del equipo evitara el cierre inmediato de la escudería y eso se podía lograr solo a través de una demanda de acreedores. Los asesores señalaban a Checo como posible detonante y le aconsejaron que interpusiera legalmente un recurso para exigir el pago de los cuatro millones de euros que le debían.

Checo comentó después que vivió ahí una situación en la que jamás hubiera querido estar. Por su cercanía con Mallya, a quien realmente estimaba, lo pensó durante un mes y, cuando tomó la decisión de dar el paso hacia los tribunales, se adhirieron a la demanda los motores Mercedes por una deuda de 13.7 millones de euros y BWT, patrocinador del equipo que había hecho un préstamo de cinco millones para cubrir gastos de operación.

El sábado 28 el tribunal de empresas de Londres declaró insolvente a la escudería y se conoció que estaba en concurso de acreedores, dada la demanda que se había interpuesto. Por la noche de ese mismo día, uno de los patrocinadores de Sahara Force India, Rich Energy, subía a las redes sociales un contrato que había firmado para inyectarle de inmediato 30 millones de libras esterlinas a la escudería, para salvarla primero y comprarla después. Acusaba en un tuit al piloto mexicano y a la marca alemana de «sabotear a los accionistas y forzar el concurso», impidiendo la transacción. La carrera en Hungaroring ese fin de semana no podía esperar buenos resultados de la ya muy maltrecha Sahara Force India. Esteban Ocon terminó en el lugar 13 y Sergio en el 14.

A partir de esa acción legal, el equipo quedó en «administración *pre-pack*», la cual permite a una empresa quebrada vender sus activos antes de ser declarada en bancarrota o perder su posibilidad de maniobra. Eso preservaba los sueldos de unas 400 personas que trabajaban en Sahara Force India, de las que 50 trabajaban directamente con los pilotos.

Sergio siempre ha mantenido que él es una de las dos caras visibles de un equipo numeroso del que se siente responsable. Entiende que correr en su equipo es correr por los demás;

dar un buen resultado favorece a todos. Incluso dice que los ingenieros y los mecánicos trabajan mucho más fuerte que él, pero el piloto es quien consigue el resultado. «Es como ser el delantero en el futbol. Tienes una responsabilidad grande sobre todos», comentó en una entrevista a Francisco Javier. Ese compromiso lo ha honrado sin vacilar: sus relaciones con los mecánicos y el *staff* hasta la fecha son excelentes, y su acción con la demanda a Force India también los beneficiaba. Hubo quienes criticaron su postura, pero el piloto mexicano protegió la desaparición de la escudería y también evitó que la billetiza que le debían a él y a todo el mundo se esfumara para siempre.

El saldo en bancos de Sahara Force India era de 240 000 libras esterlinas. El juicio a Vijay Mallya en la corte de Westminster lo declaró culpable de conspiración, engaño y lavado de dinero. Vendió la mayor parte de su empresa cervecera y, pese a la petición de extradición solicitada por India a la Gran Bretaña, todavía el 26 de agosto de 2021 tramitaba una nueva apelación ante un juez de Londres que lo declaró en bancarrota el mes anterior. Está haciendo todo lo posible por alargar la partida.

El tribunal de recuperación de deuda de India determinó desde 2017 que el pasivo total del empresario prófugo es de más de 1 000 millones de libras esterlinas. Por lo pronto, Force India quedaba a la deriva en medio del asfalto.

PROFETA EN SU TIERRA

La entrada y salida de inversionistas en la Fórmula 1 es sumamente común. Para tomar un ejemplo, en 2013 ya no habían sobrevivido las escuderías aceptadas tres años antes porque sus previsiones económicas habían sido desastrosas. HRT había fallado antes de ese año, Virgin fue recomprada por Marussia y un nombre muy familiar, Lotus, que ha aparecido y desaparecido varias veces, fue rebautizado como Caterham por su mismo propietario malayo. Pero el caso de Force India tenía un ingrediente más: no solamente se trató de un negocio que no resultó, sino de un escándalo internacional digno de película. Afortunadamente, la manera en que terminó legalmente la participación de Vijay Mallya evitó que la escudería desapareciera y pudiese ser adquirida, con todos sus pasivos, por un nuevo dueño.

Aquí es donde apareció un multimillonario cuya pasión por el automovilismo, su visión de negocios y el tener un hijo que ya corría en la Fórmula 1 abrieron las puertas necesarias. Lawrence Stroll es un hombre de negocios canadiense que hizo su fortuna en la industria de la moda. Además de que introdujo a Pierre Cardin y a Ralph Lauren a Canadá, invirtió en otros diseñadores de ropa, como Tommy Hilfiger y Michael Kors, junto con su socio hongkonés, el magnate Silas Chou, para hacer de ellas marcas de alcance global.

En 2011 Stroll fue punta de lanza para hacer una oferta pública que resultó espectacularmente exitosa. Durante los siguientes tres años vendió todas sus acciones, logrando una buena parte de los 3 200 millones de dólares estadounidenses en que está valuado hoy su patrimonio. Entre otras millonarias curiosidades, Stroll es un coleccionista de Ferraris y tiene más de 20. En una subasta celebrada en 2013 adquirió en una cantidad récord uno de ellos: el 275 GTB modelo 1967, sumándolo a otras propiedades, como el célebre circuito de carreras de Mont-Tremblant en Canadá —que vendió después de 21 años, en abril de 2021— y un yate de superlujo llamado *Faith*.

Lawrence Stroll heredó a su hijo Lance la pasión por el automovilismo y lo encaminó por ahí. Con todo su apoyo, lo vio coronarse a los 17 años en la Fórmula 4 italiana y a los 18 en la Fórmula 3 europea. Y a los 20 ya conducía un monoplaza en la Fórmula 1 para Williams, escudería en la que su padre invirtió dinero y aportó patrocinios durante algún tiempo.

Toda esta historia viene a cuento porque cuando Stroll se puso al tanto de los problemas que aquejaban a Force India, analizó rápidamente y con todas sus posibilidades económicas una nueva ecuación: resultaba más atractivo ser dueño de una escudería que inversionista en otra. Reunió entonces un grupo de ocho socios que alinearon varias cosas: el deseo de la máxima categoría de no perder a un competidor en la pista en plena temporada, el del equipo de Force India para no perder sus empleos y el suyo propio de participar con un equipo en el que tuviera gran poder de decisión.

Fueron recibidas cinco propuestas formales en la fecha límite del 6 de agosto de 2018 y la favorecida fue Racing Point, en buena medida porque, además de pagar 90 millones de euros, se comprometió a liquidar los pasivos por 15 millones más y a mantener la escudería. Otros candidatos deseaban adquirir los activos, sin garantizar la continuidad del equipo.

Un mes después de la carrera en Hungría y con autorización del serial, Stroll debutaría como dueño en el Gran Premio de Bélgica bajo el nombre de Racing Point Force India. La escudería predecesora, Sahara Force India, perdió los puntos que había sumado en la competencia. Faltaban todavía ocho carreras de las 21 que se celebraron en la temporada y en ese tiempo —poco más de cuatro meses— tendrían que ponerse las bases para el futuro.

Williams terminó en el último lugar del Campeonato de Constructores, solo por encima de la descontinuada escudería india, y Lance Stroll sumó apenas seis puntos. El cambio de propietario le prometía tener un mejor monoplaza en el siguiente curso: ¿se encargaría su padre de ello?

EL ENEMIGO ESTÁ EN CASA

La temporada 2017 había reunido en Force India a dos pilotos que jamás lograron conexión. Nico Hülkenberg se había marchado de la escudería, que necesitaba mantener costos porque desde 2016 ya padecía quebrantos financieros. La salida del alemán le representaba un alivio al equipo que contrató en su lugar a un prometedor piloto francés apoyado por Toto Wolff y la escudería Mercedes, proveedora de los motores del equipo indio. Esteban Ocon corrió cuando era jovencito con Charles Leclerc, Max Verstappen, Alex Albon y George Russell en los campeonatos mundiales de karting, los torneos de la industria que reunían a todas las marcas para competir entre sí, y en muchas carreras europeas de la categoría.

Campeón de la Fórmula 3 europea y de la GP3 Series, enseñó buenas manos y gran futuro. Algunos medios franceses descubrieron su historia: el hijo de un mecánico que soñaba junto con su esposa verlo convertido en piloto. Tomaron su bandera y lo empezaron a publicitar como el nuevo Alain Prost, el sucesor de Olivier Panis y varias promesas más. Había debutado en la máxima categoría con el modesto equipo Manor Racing MR en 2016, tras haber sido piloto de desarrollo de la propia Force India y de pruebas en Renault. Desde que llegó a Force India lo acompañó una cantaleta: que él no tenía dinero ni quien le comprara un asiento como a Checo Pérez, gracias a sus enormes patrocinios. La primera campaña de Ocon era la cuarta de Sergio en la escudería, quien iba a más cada vez, por lo que merecía el respeto que no le estaba concediendo el joven francés, seis años menor que él.

Esteban no llegó a aprender, sino a competirle a su propio compañero de escudería. La primera vez que esa tensión se reflejó en la pista fue en Azerbaiyán, donde un doble toque con Ocon dejó fuera de la carrera a Sergio. En Bélgica sucedió algo parecido unas semanas más tarde y Checo declaró que las cosas no podían seguir así en el equipo, poniendo todo de su parte para que no se registrara ningún otro incidente directo esa temporada.

Se fue 2017 con 100 puntos en la buchaca del mexicano por 87 de Esteban, que no estaban nada mal. Force India terminó en un brillantísimo cuarto lugar. Pero el año siguiente fue insoportable para los dos. Los problemas económicos en el equipo habían llevado al citado cambio de dueño, que, sin anunciarlo oficialmente, pensaba en su hijo Lance Stroll desde el primer momento para tomar uno de los monoplazas en 2019.

No había que quebrarse mucho la cabeza para saber que entre Pérez y Ocon estaría en disputa el lugar restante. Pero aun antes de que Vijay Mallya saliera de la escena y se anunciara el cambio de manos, los incidentes entre los dos pilotos se replicaban con intensidad. En Canadá, mes y medio antes del nuevo rumbo del equipo, Checo estaba en cuarto lugar persiguiendo a Daniel Ricciardo, sin lograr rebasarlo. Ocon, que ocupaba el quinto sitio, pidió por el radio de intercomunicación que le dijeran a Sergio que se quitara para dejarlo pasar porque él sí podría rebasar al piloto de Red Bull. Mientras ambos se peleaban, Sebastian Vettel los rebasó.

El Gran Premio de Singapur fue el acabose. Llegó Checo por dentro a una curva y Esteban no le cedió el espacio para abrirle la puerta. Sergio no hizo el menor esfuerzo por evitarlo, aunque después declaró que no tenía alternativa. ¿Le dejó ir el coche? Las últimas nueve carreras de la temporada hicieron mucho daño porque ya estaban peleando su lugar en el equipo y ninguno de los dos había recibido señales de quién se quedaría. Ambos sufrían esa incertidumbre tan desagradable como común, en un lugar en el que solo hay 20 plazas de trabajo.

La madurez y el temperamento se muestran en las crisis y cada quien hizo lo que pudo. El tono lastimero de Ocon hablando del piloto mexicano y sus patrocinios se escuchaba por los pasillos de la Fórmula 1 como las súplicas de la Llorona por los ríos, pueblos y callejones. Por su parte, Checo decía que esperaba noticias lo más pronto posible, pero mientras tanto tenía que concentrarse en su trabajo y estar tranquilo. Evitaba a toda costa contestar los dardos de Ocon, que aún en Alpine en 2021 se acordaba de él en las conferencias de prensa.

Horas antes del Gran Premio de México 2018, Racing Point anunció la salida de Esteban para la siguiente temporada y la ampliación del contrato de Sergio. Lance Stroll sería, en efecto, el nuevo piloto de la escudería. La narrativa de la serie producida por Netflix sobre lo sucedido entre Esteban y Sergio fue motivo de discusión. En la segunda temporada de *Drive to Survive* no aparecen ni Racing Point ni sus pilotos porque no llegaron a un acuerdo con los productores, como protesta por haber sido tendenciosos en su manera de contar la historia. Para la tercera, Checo protagonizó uno de los capítulos más espectaculares de toda la serie.

Queda claro que la pista no es tan ancha para que quepan todos y eso genera rivalidades. Sergio tiene otra con Lando Norris, que se establece en una de las mejores carreras del tapatío, en el cierre de la temporada 2019 en Abu Dabi. Racing Point peleaba estrechamente con McLaren la posición entre los constructores y Sergio el décimo lugar en la de pilotos. En una de las chicanas del circuito, cuando Norris se dio cuenta, ya tenía encima a Sergio, listo para rebasarlo. No pudo evitarlo porque la maniobra había sido genial: si Lando se cerraba, ambos se irían contra la pared y hubieran quedado fuera de la carrera.

Checo llegó a la meta en séptimo y Norris en octavo. La felicidad en el mexicano era evidente y justificada. Cuando se le acercaron los periodistas británicos, declaró que ese había sido el mejor rebase de toda su carrera. Con o sin ironía, los reporteros buscaron la reacción de Norris, que salió de sí cuando supo de la respuesta de Sergio y preguntó: «¿Cuál rebase? Si lo dejé pasar…». Lo dijo con risa nerviosa, sin pensar lo que estaba diciendo. ¿O de verdad en la Fórmula 1 hay quien deja pasar voluntariamente a un piloto de otra escudería?

A partir de ahí existe un pique entre ambos. Nadie concede un centímetro. Lando se ha convertido en un especialista para aventarle el coche a Checo. En el Gran Premio de Austria de 2021, Lando fue penalizado por forzar a Pérez a salir de la pista; después, el tapatío fue sancionado dos veces porque no le dejó espacio a Charles Leclerc en la misma carrera. En Países Bajos, Norris no solamente le cerró la puerta al mexicano, sino que dio un volantazo para tocar su auto en una maniobra sucia que le rompió el coche. ¿Por qué la Fórmula 1 no levantó una investigación?

CHECO PÉREZ Y JAMES BOND

Para Lawrence Stroll era muy importante mantener en el equipo a Checo Pérez porque, con la experiencia que ya tenía, sería capaz de aconsejar y ayudar a la formación de su hijo durante sus primeros años dentro del gran circo. Eso colocó a Sergio como piloto número uno del equipo, que para 2019 cambió de nombre a Racing Point y dos años más tarde a Aston Martin. De inicio, el cambio de propietario le vino bien a Checo porque no solamente honraron tanto el adeudo como su contrato, sino que le firmaron otro para mantenerlo en la escudería al menos hasta el año 2022.

No sucedió así al final, porque hubo un aspecto que va más allá de lo deportivo y que refleja la manera en que las decisiones de negocios hacen cambiar el rumbo. En 2020 Lawrence Stroll compró poco menos de 20 por ciento de las acciones de Aston Martin, convirtiéndose en el presidente ejecutivo de la célebre fábrica de autos de lujo. Esa fue una oportunidad que le abrió la pandemia. La venta de autos se había venido abajo en 2019 y la única manera de preservar la empresa era inyectándole capital fresco.

Al ser un experto prestigiado en marcas de lujo y en el mundo del automovilismo, no fue difícil hacer el trato con Stroll, previo pago de 182 millones de libras esterlinas. Una de sus primeras decisiones fue la de enfocarse en el resurgimiento del auto tradicional de la compañía: el Aston Martin DBX, el utilizado por James Bond en las películas del agente 007. La nueva mercadotecnia del auto no se enfocó solamente en agentes secretos: de las 4 150 unidades que fueron vendidas en 2020 —una tercera parte menos que el año anterior—, muchas fueron orientadas al mercado femenino de autos deportivos en China y Estados Unidos.

Traducido de otra manera: el empeño era rescatar la presencia de un auto europeo ciento por ciento, rodando hacia la conquista de otras tierras. La propia pandemia atrasó, por cierto, uno de los puntos de mercadotecnia del nuevo modelo: el lanzamiento de la película de James Bond, *No Time to Die*, en la que Daniel Craig aparece a bordo de su Aston Martin en incontables y peligrosísimas escenas. Por supuesto que esa no fue idea solo del guionista sino una táctica de la marca.

Pese a que ambos manejan con gran audacia, podremos preguntarnos qué tiene que ver el agente 007 con Sergio Pérez. La respuesta es sencilla: son parte de una estrategia económica y comercial que se volvió excluyente. Cuando Sebastian Vettel quedó libre en Ferrari, Stroll pensó que un cuádruple campeón del mundo alemán encajaría mucho más que Checo, con esa imagen proeuropea. Pero además, en el vaivén de control de costos, hay otra cuestión que influyó: al piloto alemán no le pagarían en efectivo, sino con acciones de Aston Martin. Así que Vettel aceptó convertirse en embajador de la marca, dentro de la que Toto Wolff, director del equipo de Mercedes de Fórmula 1, por cierto, también es inversionista.

No habrá tenido nada que ver con la decisión tomada, pero Sergio Pérez hizo alguna vez un comentario imprudente acerca de la esposa de Toto. En 2012 apareció Susie Wolff en la máxima categoría como piloto de ensayos libres de Williams, que estaban equipados con motores Mercedes. La verdad es que lo hizo muy bien y realizó exitosas sesiones de ensayos, aunque no llegó a tomar el volante en una carrera de Gran Premio. Había participado en la serie turismo de Alemania y también en la Fórmula Renault y en la Fórmula 3 Británica. En 2014 tendría con Williams un turno en los ensayos libres del viernes del Gran Premio de Gran Bretaña.

Una reportera de Antena 3 de España le preguntó a Sergio Pérez al respecto. Contestó que Susie era una gran piloto que demostraba que las mujeres también podían estar en ese mundo tan exigente, pero que sería difícil juzgar su trabajo en una práctica sobre el complicado circuito de Silverstone. Pronosticó que no se esperaran grandes cosas de ella y remató con una mala broma: «No, imagínate, donde tengan una mujer ahí sí ya es el colmo. Mejor que se vaya a la cocina». La reacción en redes sociales fue violenta contra Checo. Se disculpó con Susie y reconoció que, aunque en broma, su comentario era inaceptable y subió a sus redes sociales una foto con ella, asegurando que tenían una buena relación y le deseó suerte. No todo el mundo lo perdonó tan rápido.

«MI CIUDAD ES CHINAMPA EN UN LAGO ESCONDIDO»

Se dice que Alejandro Soberón y Federico González Compeán fueron finalmente atendidos en sus oficinas de Londres por Bernie Ecclestone, el zar de la Fórmula 1 en aquella época. Era el año 2013 y ahí los directivos de Ocesa escucharon claramente lo que les dijo ante un altero de papeles apilado sobre su escritorio: «Su solicitud es la que está hasta abajo, pero la puedo poner más arriba fácilmente... si ponen mucho dinero».

De lo que estaba hablando era casi sobrenatural: para que la máxima categoría regresara a México necesitaban pagarse 360 millones de dólares por un contrato a cinco años. La Corporación Interamericana de Entretenimiento (CIE) tenía dos años trabajando ese sueño, pero convertirlo en realidad no dependía de ella sola. Para un evento del tamaño de un Gran Premio de Fórmula 1 tenían que alinearse los intereses de otras tres instancias: el gobierno federal, el de Ciudad de México y Carlos Slim, gran patrocinador y formador de pilotos mexicanos a través de su grupo.

CIE era ya la tercera empresa más importante del mundo en la organización de eventos en vivo y decidió apostar al proyecto de inversión más grande desde su fundación: saldrían de su propia bolsa 60 millones de dólares el primer año, para un total de 150 en los siguientes cuatro. Sería necesario un libro aparte para detallar la proeza que significó el regreso de la Fórmula 1, tras 23 años de ausencia, a territorio mexicano.

Muchos esfuerzos se conjuntaron y resistieron la crisis financiera mundial de 2008, cuando el contrato no había llegado ni a la mitad. Sin embargo, baste decir que el Autódromo Hermanos Rodríguez necesitó una cirugía mayor para estar en condiciones de volver a tener carreras de la máxima categoría. Además de una nueva torre de control, un edificio de *suites* a todo lujo, la construcción de tres puentes peatonales, el reencarpetamiento de más de 22 000 metros cuadrados de *paddock* y gradas para 120 000 espectadores sentados y 30 000 más en admisión general, la pista era un problema.

En la segunda era de la Fórmula 1 en México, entre 1986 y 1992, se habían logrado imágenes espectaculares de los monoplazas tripulados por Nigel Mansell, Ayrton Senna, Alain Prost y los grandes pilotos de ese tiempo. Sus autos, literalmente, sacaban chispas porque brincaban a velocidades de meteoro sobre la recta principal, rozando contra el piso. Eso les daba mucho miedo a los ases del volante porque esos saltos podrían provocar que perdieran la sustentación del aire y por lo tanto el control del coche, teniendo una pared a cada lado de la pista. Las quejas de Ayrton Senna sobre ese peligroso punto en particular y fallas importantes en detalles de la organización que pusieron en riesgo a los pilotos ayudaron mucho a que el serial dejara de tener en su calendario al Autódromo Hermanos Rodríguez, a partir de 1992.

Sin embargo, fue propuesto para que las escuderías hicieran sus pretemporadas ahí, como hoy se hacen en Barcelona. La pista tenía lo mejor de todos los circuitos europeos: zona

técnica de curvas, una recta gigantesca y una curva peraltada que arrojaban valiosa información en el ajuste de los autos
para todo el año, entre otras ventajas. Pero los ambientalistas
de la época no estuvieron de acuerdo con la idea y todo quedó
en buenas intenciones.

Hasta que llegó la Champ Car a México, de la mano de
Adrián Fernández como personaje icónico en la década de los
noventa, se le metió mano seria a la instalación. De cualquier
manera, lo que venía con el Gran Premio era de mayores exigencias y las especificaciones de la Federación Internacional de
Automovilismo eran altísimas y concretas. Lo que era considerado por muchos como un vejestorio de pista, pese a que
las categorías nacionales seguían corriéndose ahí, recibió un
toque espectacularmente mágico.

Se reasfaltó todo el trazado que se utilizaría para el Gran
Premio, con la misión de que la carpeta asfáltica no se ondu-
lara como antes. Cuando se realizaron los trabajos, se podían
apreciar segmentos cortados de la pista que dejaban ver sus
tres eras geológicas: una parte profunda de unos 40 centíme-
tros que databa de los años sesenta, una de la mitad de ese
grosor que correspondía a los ochenta y una más delgada que
evidencia el reencarpetamiento en los noventa con la Champ
Car. Sin entrar en tecnicismos, para la nueva era no se colocó
directamente el nuevo asfalto encima del más reciente, sino
que se dispuso una capa de arena, piedras y tela pellón que
prepararon su colocación.

La tecnología ya ofrecía soluciones de ese tipo y no se es-
catimó en recursos. Hubo una gran inversión de varias firmas
para darle modernidad y vida a un autódromo que había sufrido

varios saqueos y abandonos en los años recientes. Conforme se avanzó en la remodelación del autódromo y se recibieron constantes inspecciones de la FIA para supervisarla, la gente empezó a tomar en serio lo que vendría en poco tiempo: el regreso de la Fórmula 1.

Claramente, la corona tenía una gran joya que hacía todo más atractivo: Sergio Pérez. Si cuando presentó su Sauber en el centro de Guadalajara traspasó la puerta que lleva a la habitación de los superhéroes, ser parte de la parrilla del primer Gran Premio de México fue el detonador de un fenómeno que ha crecido aún más.

El fin de semana del 30 de octubre al 1º de noviembre de 2015 fue inolvidable. Checo estaba corriendo su quinta temporada en la Fórmula 1 y se convirtió en el foco de todo el país. La manta sostenida por todo el plantel que el club América subió a sus redes sociales con el mensaje «Vamos, Checo Pérez, a volar como águila», fue solamente una muestra más de lo que todos deseaban en México para el piloto mexicano.

Se vendieron más televisores, se anunciaron más empresas en todos los medios a propósito de la carrera y muchos de los grandes magnates nacionales que tuvieron acceso a la pista del autódromo abrazaban a Sergio en el *paddock* con gran emoción: la gente menos impresionable sí lo estaba ese día. Una de ellas era el propio Bernie Ecclestone, que alabó abiertamente la organización, diciendo que en muchas sedes del calendario suelen olvidarse de la Fórmula 1 al día siguiente que termina la carrera para volver a acordarse un año después y que la dedicación mexicana había implicado mucho tiempo consagrado con pasión a su Gran Premio.

Ya se sabía que Checo Pérez no tenía un gran coche, pero que el autódromo abriera sus puertas a más de 300 000 espectadores acumulados en esos tres días, las ovaciones para el piloto mexicano y el desfile de la parrilla de la Fórmula 1 convertida en una fiesta casi futbolera con todo y olas monumentales, constituían ya un enorme triunfo para todos. Haber estado en la grada de ese Gran Premio fue toda una experiencia aun para los más avezados.

La sensación es distinta a todo lo demás porque mezcló los valores de una afición entregada y fiestera con el toque de exclusividad y glamur que produce el gran circo. Los números oficiales dados a conocer ayudan a entender la dimensión del acontecimiento: asistimos al autódromo 336 174 aficionados, se generaron más de 13 000 empleos y más de 1 400 millones de pesos en ganancias salariales, tomando en cuenta la remodelación de la infraestructura. El impacto económico fue de 8 640 millones de pesos, además de los 4 112 por el rediseño del conjunto. La marca México —hoy descontinuada como tal— estuvo entre las tres de mayor exposición en la señal televisiva que llegó a 200 países y se lograron 13 000 millones de impresiones en redes sociales.

Al estar Sergio en el centro del escenario, se favoreció la consolidación de la «Checomanía». La escudería Haas, por cierto, había confirmado poco antes de la carrera al regiomontano Esteban Gutiérrez como piloto titular de su escudería para 2016. La felicidad era completa.

Por diferentes motivos, entre las mejores actuaciones de Sergio no se pueden contar hasta ahora alguna de las que ha corrido en México. Esa primera vez terminó las calificaciones para salir en el noveno lugar de la parrilla y entró a la meta en octavo, participando en la repartición de puntos con la correspondiente algarabía tribunera. Al año siguiente finalizó en décimo, en 2017 en séptimo, tras una espectacular persecución a Felipe Massa, y repitió esa posición en 2019, tras abandonar en 2018 por un problema de frenos cuando estaba peleando el cuarto lugar.

Resumen: no ha tenido podios en México, pero salvo cuando tuvo que abandonar por un problema mecánico, siempre ha tomado puntos. Es el Gran Premio que más disfruta en el año. Lo espera con particular emoción. Sergio subraya que pocos pilotos en el circuito tienen la posibilidad de ser apoyados por los suyos tanto como él. Es verdad que Fernando Alonso y Carlos Sainz Jr. tienen el Gran Premio de España y Lewis Hamilton el de Gran Bretaña, pero el ambiente del Autódromo Hermanos Rodríguez es mágico y diferente.

«Soy muy afortunado. Desde el jueves que llego a la pista siento ese magnetismo tan especial. Antes de subirme al auto ya lo estoy sintiendo, pero también lo percibes a bordo de él», declaró. «Debo estar concentrado porque tengo muchos análisis que hacer al volante y no me puedo dejar llevar por la parte emocional, pero los autos de Fórmula 1 ya hacen menos ruido y me dejan escuchar el apoyo».

El Gran Premio de México ha sido el mejor de la temporada en organización y ambiente desde su regreso en 2015. Podría tener un buen competidor en el de los Países Bajos, que regresó en 2021 después de 36 años con un ambiente electrizante gracias a toda la afición vestida de color naranja mientras celebraba el triunfo de Max Verstappen. Comenta Checo que hay otro Gran Premio especial: el de Japón, donde la gente permanece en la tribuna al final de la carrera para verla completa dos o tres veces en la repetición que ofrecen las pantallas del circuito de Suzuka. «Pueden estar ahí disfrutando tres o cuatro horas más».

No solamente es Sergio quien disfruta el Gran Premio de México, sino todos los pilotos de la máxima categoría. Pese a que están cansados porque generalmente es de las últimas carreras de la temporada, la esperan porque les gusta la comida, el calor del público y hasta las celebraciones del Día de Muertos, que casi siempre han coincidido con la visita a nuestro país. Checo se convierte en su anfitrión, aconsejándoles dónde comer, dónde ir de fiesta, qué probar y qué conocer. Es también la fecha que más presión le genera porque «quiero ser perfecto, dar lo mejor de mí. Además, es en el que más compromisos tengo. Los días son muy largos pero los disfruto. La vuelta que damos todos los autos antes de empezar la carrera es la más especial del año y me recuerda que todo ha valido la pena».

Sergio no cambia esos días por ninguno otro, pero tiene decidido que, cuando termine su carrera, será empresario en algo que esté totalmente alejado del automovilismo. Se dedicará a su familia, se tomará un año sabático y seguirá emprendiendo proyectos con la Fundación Checo Pérez, a la que dedica una buena parte de su tiempo. Cercana a cumplir los 10 años, ha ayudado a muchos niños y niñas desamparados consiguiendo recursos para 10 casas hogar en las que se les da educación y vivienda digna a cerca de 400 personas. La fundación trabaja a través de proyectos que incluyen desde voluntariado hasta subastas de artículos relacionados con la Fórmula 1, como cascos, gorras o camisetas de figuras de la talla de Fernando Alonso y Sebastian Vettel. Organiza eventos como la carrera Checo Run 8K y siempre está pensando en qué más hacer para poder abarcar más.

Sergio, además, es coinversor del Centro de Estimulación Multisensorial en Guadalajara para personas con algunas discapacidades y ha apoyado la construcción de viviendas en poblaciones de extrema pobreza. «Es un barril sin fondo en el que, mientras más ayudas, más hay que dar». Lo dice el piloto mexicano de Fórmula 1 más importante de nuestra historia, con la humildad de quien prefiere hacer que hablar y sacar los colmillos cuando de competir se trata.

CHECO PÉREZ
5 rivalidades en F1

1 Esteban Ocon

2 Nico Hülkenberg

3 Lando Norris

4 George Russell

5 Lance Stroll

Por mucho su gran rival. Coincidieron en Force India y como compañeros sacaron chispas en la pista. Ni siquiera se saludaban.

Desde antes de la F1, Checo vio al alemán como el piloto a vencer en la máxima categoría. Vivieron momentos de tensión como compañeros en Force India.

Han tenido roces en carreras de 2021, lo que genera morbo cada vez que se encuentran en la pista.

Una rivalidad más bien mediática. El piloto inglés ha cuestionado la manera en que Pérez se hizo de un asiento en Red Bull. Según él, alimentando rumores.

Una de las razones por las que Checo salió de Racing Point. El dueño de la escudería no iba a echar a su hijo para conservar al mexicano. Pérez siempre tuvo que hacer más que su coequipero para demostrar su calidad.

«BIENVENIDO A RED BULL»

«QUE ME ESTÉ VIENDO MI HIJO»

Todos lloramos en México, no solo Checo Pérez, quien no pudo contener las lágrimas cuando cruzó la meta en primer lugar, ni en el podio al escuchar los compases del himno nacional mexicano. «Tantos años soñé poner ese himno en lo más alto de la Fórmula 1», dijo con emoción. Y lo logró. Habían transcurrido 50 años desde la última victoria de un mexicano en la F1. Cinco décadas en las que el mundo había cambiado por completo, los autos, los circuitos, el marketing, la afición.

Ese domingo 6 de diciembre de 2020 fue una locura; aunque era un triunfo personal, lo celebramos como si los mexicanos hubiéramos estado en el habitáculo del auto de Checo. Estábamos ahí y el piloto lo sabía. También lo acompañaron la Virgen de Guadalupe y el papa Juan Pablo II en dos pequeñas estampas que lleva en cada carrera.

«Estoy sin palabras», expresó. «Espero no estar soñando. Diez años me tomó. No sé qué decir, después de la primera vuelta la carrera había terminado pero se trataba de no rendirse. Creo que hoy ganamos por méritos».

Fue una victoria catártica en uno de los años más difíciles de los últimos tiempos para México y el mundo. Un triunfo que nos hizo gritar, alzar los puños, aplaudir, emocionarnos, que nos devolvió la sonrisa por unas horas luego de meses de confinamiento, de incertidumbre, de decenas de miles de contagios y de muertes; un breve respiro tras semanas en las que los cierres de empresas, comercios y negocios se hicieron costumbre; meses en los que el encierro desquició a muchos, en los que los estudiantes, los jóvenes y los niños, las familias cayeron en una profunda depresión. Días de miedo y angustia.

Por eso quienes pudimos ser testigos del triunfo sentimos el mismo júbilo que Checo Pérez y compartimos con él cada segundo de la carrera, el desánimo del inicio, la incertidumbre en el desarrollo y la emoción del final, y vimos el arrojo que lo llevó a cruzar la meta en primer lugar. No fue una victoria de México pero fue el éxito de un mexicano que conmovió a toda una nación. Su victoria no iba a resolver nuestros problemas pero fue la mejor razón para sonreír aquel domingo.

Todo lo que pudo entregar Checo Pérez en la pista lo entregó. Fue un triunfo muy sufrido, no se guardó nada y Racing Point lo reconoció. «¡Checo, Checo, Checo!», gritaba el equipo entero que festejaba por partida doble. Era la primera vez que sus dos pilotos compartían el podio de triunfadores, con el tercer lugar de Lance Stroll, que por cierto no se veía muy feliz.

Mientras los hombres de rosa abrazaban al piloto mexicano, le daban palmadas en la espalda y en el casco, y se escuchaba el grito de «¡Checo, Checo, Checo!», las cámaras de la serie *Drive to Survive*, producida por Netflix, captaron a Alex Albon caminando por la zona de pits, cabizbajo y con la mirada triste, a pesar de que faltaba la última fecha de la temporada. Quizá imaginó que tenía sus días contados en Red Bull.

Pero en ese momento no había pasado ni futuro, nadie pensaba en la traición de Racing Point, al contrario, en todo caso la victoria era la mejor venganza, dulce e implacable; como tampoco nadie pensaba en la siguiente temporada para Checo. Solo se trataba del presente, de disfrutar ese instante, como si fuera una fotografía, de abrazar la victoria, de sentirla, de respirarla, de palparla. No era para menos, había tardado 10 años en llegar.

Luego de la entrega de trofeos, tras la celebración con las botellas de champaña que agitaron los pilotos como marca la tradición, Checo se tomó unos segundos para sentarse al pie del primer lugar, tratando de asimilar todas las emociones y los sentimientos encontrados.

«En las últimas vueltas solo pensaba: "Que me esté viendo mi hijo"», expresó más tarde en una entrevista, «porque es una edad en la que se puede acordar. Siempre he soñado con ese momento, que mi hijo me vea y que recuerde un momento inolvidable en mi carrera. Tardé en llegar ahí 10 años, siempre dando lo mejor».

TODOS AL ÁNGEL

«Espero que haya hecho muy feliz a tanta gente en mi país», dijo Checo, «estoy seguro de que será recordado por muchas generaciones. Esperamos que no sea la última victoria en la Fórmula 1».

La gente festejó el triunfo del mexicano en redes sociales; su victoria en el Gran Premio de Sakhir fue tendencia en Twitter durante todo el domingo. A lo largo de la jornada circularon miles de felicitaciones. Los pilotos mexicanos que corren en otras categorías se hicieron presentes. «Checo hizo un carrerón», escribió Michel Jourdain, «Red Bull lo tiene que agarrar el año próximo». «Se me pone la piel chinita, quiero llorar porque sé el esfuerzo que le ha tomado llegar a este punto», dijo Patricio O'Ward, piloto de IndyCar. «Es un triunfo histórico», fueron las palabras de Mario Domínguez. «¡Viva México! ¡Felicidades, carnal!», escribió Esteban Gutiérrez, piloto que compitió con Checo en sus primeras temporadas en F1. «Este cabrón es un verdadero guerrero», escribió Adrián Fernández.

También pilotos y escuderías de la F1 se sumaron al reconocimiento: Christian Horner, director de Red Bull, y Toto Wolff, director de Mercedes; su viejo coequipero, el campeón del mundo Jenson Button, y Zak Brown, jefe de McLaren, tuitearon desde sus cuentas personales. Damon Hill, piloto retirado, escribió: «La Ciudad de México se volverá loca».

Desde otros ámbitos también se pronunciaron. El club América, equipo al que inexplicablemente le va Checo, tuiteó:

«Felicidades, demostraste que eres el más grande. Las águilas en la tormenta vuelan más alto. Vuela, Checo»; las Chivas, el Cruz Azul, los Rayados de Monterrey hicieron lo propio. También el «Canelo» Álvarez.

Desde su cuenta de Twitter, Carlos Slim Domit escribió: «Gracias, Checo» en mayúsculas y con varios signos de admiración. Un agradecimiento sencillo pero profundo porque enmarca la relación de muchos años entre el empresario y el piloto. Slim le vio arrestos a Checo desde muy joven y lo apoyó a través de Escudería Telmex y otros patrocinios del grupo Carso a lo largo de su carrera.

Es posible que en el transcurso del domingo alguien en Palacio Nacional le dijera al presidente López Obrador algo así como: «Oiga, señor, sería buena idea que usted felicitara al piloto Checo Pérez, que ganó el Gran Premio de Fórmula 1 de Sakhir». «¿Y qué es la Fórmula 1?», habría respondido el presidente, aunque a decir verdad lo sabe porque es un deporte que no ve con buenos ojos porque es fifí.

Como quiera que haya sido, cinco o seis horas después de que la noticia había dado la vuelta al mundo el presidente finalmente tuiteó su felicitación desbordada de alegría y emoción: «Felicidades a Checo Pérez por obtener el primer lugar en el Gran Premio de Sakhir de la Fórmula 1. Siempre que triunfa un mexicano en una competencia, enaltece a nuestro país». Sin duda era un machote para toda ocasión o, mejor dicho, para cuando un mexicano triunfa en el extranjero. Seguramente quien lleva las redes sociales de la Secretaría de la Defensa Nacional es fanático de la Fórmula 1, porque desde la cuenta de la Sedena felicitaron a Sergio de un modo incluso más efusivo que el propio presidente de la República: «Los soldados de México felicitamos a Checo Pérez».

No fue una victoria de la selección mexicana de futbol pero poco importó. Al menos 50 aficionados a la F1, y en particular de Checo Pérez, sacaron banderas y se lanzaron al Ángel a celebrar la victoria en Sakhir. Aunque el automovilismo tiene miles de seguidores en México desde la década de 1950 —cuando comenzó su historia la Carrera Panamericana—, la pandemia, el semáforo en naranja y la imposibilidad de acercarse al Monumento a la Independencia, porque estaba en restauración, impidieron que más gente acudiera a la avenida Paseo de la Reforma. Pero el medio centenar de aficionados gritó y celebró por todo lo alto como si fueran una multitud, incluso llevaron un «Checo Pérez» de cartón, tamaño natural, al que le pusieron un cubrebocas para mostrar que los aficionados cumplían con los protocolos sanitarios del momento.

En Guadalajara, ciudad natal de Checo Pérez, la gente celebró con un ánimo desbordado pero en sus casas porque solo un aficionado se presentó en la mítica glorieta de La Minerva para festejar el triunfo del mexicano. Eatan Farías sigue a la F1 desde hace más de 15 años y ese 6 de diciembre no lo dudó, salió a festejar aunque lo dejaron solo. «Estoy celebrando un hecho histórico, México volvió a ganar en Fórmula 1 en 50 años y estoy feliz. Lo vi en vivo», dijo el joven. Además llevaba en sus manos una réplica del auto con el cual Sergio ganó el tercer lugar en el GP de Azerbaiyán en 2018, cuando su escudería todavía era Force India.

Luego de varias horas de festejo, de llamadas, de fotografías y de entrevistas, ya más sereno, pero todavía con la sonrisa plena, Sergio Pérez se sentó frente a las cámaras de *Drive to Survive* y expresó: «Cuando me vaya, estaré muy agradecido con este deporte, agradecido con la Fórmula 1 porque lo que me dio me cambió la vida para siempre. Si este es el final, estoy satisfecho y muy feliz por lo que logré. Gracias, Fórmula 1».

EL MEJOR DE LA HISTORIA

Tras la muerte de su hermano Ricardo en la curva peraltada del autódromo de Ciudad de México en 1962, Pedro Rodríguez desistió de correr en ese primer Gran Premio de México que solo era de exhibición, incluso pensó en el retiro. Pero su pasión por la velocidad corría en su sangre. Demostró su talento a lo largo de siete temporadas en la F1; obtuvo dos victorias, una en Sudáfrica en 1967 y la otra en Bélgica en 1970, y cinco podios más para un total de siete; fue dos veces sexto lugar en el Mundial de Pilotos (1967 y 1968) y corrió para escuderías como Cooper, BRM, Lotus y Ferrari, entre otras, además de haber sido campeón en otras categorías y haber ganado las 24 Horas de Le Mans.

Su talento era natural, hacía ver fácil la conducción de un auto F1 en las condiciones más adversas, su manejo bajo la lluvia era impecable y se ganó el reconocimiento de los campeones del mundo de su época, como Jackie Stewart, Graham Hill, Denny Hulme y Jim Clark. Pedro ya era una leyenda en México cuando falleció el 11 de julio de 1971 al accidentarse durante las 200 millas de Norisring, una carrera menor, en Alemania. La noticia sacudió a todo el país, sus restos fueron trasladados a Ciudad de México y depositados junto a los de su hermano Ricardo, en el Panteón Español.

No se puede comparar la F1 de los años sesenta con la actual, la siguen definiendo la velocidad y el riesgo que corren los pilotos pero la tecnología le ha dado un giro de 180 grados. Sin embargo, lo realizado por Sergio Pérez a lo largo de 10 años de carrera lo coloca en la actualidad como el mejor piloto mexicano de la historia, así lo han considerado varios especialistas del automovilismo luego de su triunfo en Sakhir, al que se sumó uno más en junio de 2021 en Azerbaiyán.

«Hoy en día, con los récords que tiene Checo es sin duda el mejor piloto mexicano de la historia, desgraciadamente, ninguno de los hermanos Rodríguez, Pedro o Ricardo, vivieron suficiente para capitalizar más con sus victorias y sus trayectorias en la Fórmula 1», expresó Jo Ramírez, coordinador del equipo McLaren en la época de Senna y quien fue declarado Leyenda de la Fórmula 1 2020 por la revista italiana *Autosprint*.

Pedro Rodríguez corrió 54 grandes premios en Fórmula 1 a lo largo de su vida; Checo alcanzó los 191 al terminar la temporada 2020. En su décimo año alcanzó su podio número 10 y terminó en el cuarto lugar del Mundial de Pilotos. Fue el mejor del resto de los competidores, solo por debajo del campeón del mundo Lewis Hamilton, Max Verstappen y Valtteri Bottas.

Sin saber lo que le deparaba el destino, Checo hizo la mejor temporada de su vida. Los números no mentían: del inicio de la campaña 2020 hasta que anunció su salida de Racing Point solo pudo sumar 34 puntos, pero una vez que se liberó de la presión, nadie lo contuvo. En nueve carreras logró sumar 91 puntos y dos podios.

Sin embargo, estaba por concluir la temporada 2020 y a pesar de la victoria en Sakhir, de estar en la cima con los mejores pilotos, la realidad era contundente: Checo no tenía equipo para continuar compitiendo. La moneda seguía en el aire. «¿Realmente nos despediremos de este piloto al final de la temporada? Espero que no», expresó un comentarista luego de que Checo cruzara la meta.

LA ESPERA

«Tengo paz conmigo. Mi futuro no está en mis manos. Quiero seguir en F1, pero si no, volveré en 2022», comentó Sergio unos días después de su triunfo en Baréin. Había cambiado de opinión. Había transitado de la idea de retirarse si no conseguía equipo a la posibilidad de tomarse un año sabático y volver en 2022. La victoria despertó sus deseos, la ambición natural del piloto. «Creo que estoy en la cima de mi carrera y los mejores años están por delante. Quiero más. Después de lograr el primero sabes que puedes hacerlo de nuevo y quiero hacerlo muchas veces más».

Pero todos sabían, incluso el piloto mexicano, que si paraba un año para buscar nuevas oportunidades en 2022, era prácticamente su despedida de la Fórmula 1. Ya era un piloto veterano para los estándares de la máxima categoría y competía contra una nueva generación de pilotos hambrientos de fama y sedientos de gloria. «La vida no es justa, la Fórmula 1 tampoco», había expresado Checo. El tiempo ya no era factor —quedaba una carrera más—, tampoco los resultados —Albon no podría superar a Checo en el Mundial de Pilotos—. Lo único que le quedaba por delante era tratar de asegurar, junto con Lance Stroll, el tercer lugar del Mundial de Constructores para la escudería que lo había echado en septiembre. Ese era el único reto.

Red Bull se portó a la altura de las circunstancias y respaldó a Albon hasta la última carrera de la temporada. Unos días antes del último Gran Premio, Christian Horner, director del equipo, comentó ante la prensa: «Le estamos dando a Alex todas las oportunidades. Como he dicho anteriormente no se tomará ninguna decisión hasta después de esta carrera. Pero Sergio ha dado una muy buena cuenta de sí mismo». Y es que por el piloto mexicano no solo hablaban sus resultados en la pista y su desempeño, que podría ser bien explotado por Red Bull, también había demostrado músculo en redes sociales; los mexicanos sabían hacer tendencia mundial cualquier tema en el que estuviera involucrado Checo Pérez y en la mercadotecnia todo sumaba. Además, contaba con un patrocinio nada despreciable de 16 millones de dólares, el mismo que llevó a Racing Point.

El día de su victoria, luego de que recibiera la felicitación de Christian Horner, el piloto mexicano le devolvió el gesto y lo invitó a echarse unos tequilas en el bar del hotel donde se encontraban hospedados. Horner contó la anécdota divertido, pero no confirmó si esa noche había bebido tequila.

La mala suerte regresó para el Gran Premio de Abu Dabi: el motor del auto de Checo falló en las prácticas libres y los mecánicos tuvieron que cambiarlo, por lo que fue sancionado y enviado al final de la parrilla el día de la carrera. La gran pregunta era si podría volver a remontar. Pero el piloto mexicano se veía relajado. La victoria llegó en un momento inmejorable: sin saber si continuaría, había logrado lo que todo piloto desea obtener alguna vez. Por eso se le veía tranquilo. Una semana antes de su victoria en Sakhir había dicho: «Disfrutemos estas carreras como si fueran las últimas de mi carrera». Iniciaría desde el último lugar, pero su mejor arma era la satisfacción de lo realizado en la temporada y, además, siendo un hombre de palabra, estaba dispuesto a hacer lo necesario para que Racing Point alcanzara el tercer lugar en el campeonato: «Mañana a darles una muy buena carrera y salir por la puerta grande…, daré todo lo que tenga para darles la mejor carrera en mi historia con ellos», había declarado un día antes.

Checo salió al circuito de Yas Marina con un casco conmemorativo por sus 10 años en la F1. El diseño tenía la bandera mexicana y desde luego el rosa de la escudería; también mostraba el número 1 de su victoria en Sakhir, los 10 podios obtenidos, los 706 puntos sumados a lo largo de su trayectoria, los 191 grandes premios corridos, las cuatro vueltas más rápidas que había logrado en su carrera y, en la parte trasera el casco, la palabra *Gracias*.

A diferencia de la semana anterior, Checo tuvo que abandonar en la vuelta 10 del Gran Premio de Abu Dabi. El motor falló y no hubo nada más que hacer. Así terminaron siete años de relación con su escudería. Lance Stroll no respondió en el momento que debía hacerlo y llegó en décimo lugar. Racing Point no pudo conservar el tercer lugar en el Mundial de Constructores, en buena medida debido a la inconsistencia del equipo y los malos resultados de Stroll, que no pudo estar a la altura de Checo. La despedida fue muy triste. Algunos miembros de su equipo lloraron y no era para menos. Habían compartido durante años los buenos y malos momentos, y Sergio siempre estuvo al pie del cañón. El piloto mexicano agradeció a sus compañeros y les dijo que, si alguna vez viajaban a México, le llamaran, él se encargaría de atenderlos personalmente.

«Siempre serán mi equipo número 1», escribió. «Nadie se va a alegrar más de sus triunfos que yo. Se convirtieron en mi única familia en la Fórmula 1 y eso será por siempre». Las luces del autódromo de Yas Marina se apagaron. La temporada 2020 había concluido. Una campaña intensa en el marco de una pandemia, 17 carreras a veces sin público y a veces con público, en un mundo en el que el covid-19 repuntaba y luego disminuía, pero que seguía al acecho.

Las escuderías desmontaron sus garajes, los pilotos y los jefes de las escuderías volvieron a sus hoteles. El día siguiente sería un lunes lleno de incertidumbre, solo quedaba un lugar en Red Bull y la moneda estaba en el aire. «Todo cambiará a partir de mañana, porque despertar y no saber lo que viene será difícil», expresó Checo, «pero es parte de la vida y de la Fórmula 1. No habrá ningún anuncio mañana. Me voy a casa, me tomaré unas vacaciones, he esperado toda la temporada por un anuncio, ahora es tiempo de descansar y para lo que venga estoy súper motivado. ¡Qué año! Nunca nos dimos por vencidos pese a la adversidad». En México aguardábamos expectantes el futuro de Checo Pérez. Solo restaba esperar.

#HOLACHECO

Ya era tiempo de posadas y de ponche, de árboles decorados y nacimientos. Un extraño ambiente navideño pandémico recorría el mundo. En México las autoridades de salud recomendaban no organizar posadas ni fiestas; muchos agradecieron que no habría brindis de oficina ni los abominables intercambios de regalo. Desde luego, también se recomendaba que no se organizaran cenas navideñas ni nada que pudiera convocar a mucha gente en lugares cerrados. El coronavirus esperaba por nuevas víctimas cantando villancicos.

Habían transcurrido solo cinco días desde el final de temporada y en las primeras horas del 18 de diciembre, tiempo del centro de México, comenzó a circular una noticia que se convertiría en la nota a ocho columnas de varios diarios deportivos y apareció en las portadas de los periódicos de circulación nacional: ¡Checo con Red Bull! La escudería lo había confirmado como su segundo piloto para la temporada 2021.

#HolaCheco, así saludó la escudería austriaca al mexicano en uno de los varios clips que circularon en la cuenta del equipo a lo largo del día. «Después de tomarnos nuestro tiempo», expresó Christian Horner, director de Red Bull, «para evaluar todos los datos y desempeños relevantes, hemos decidido que Sergio es el conductor adecuado para asociarse a Max en 2021. Esperamos darle la bienvenida a Red Bull Racing».

El contrato solo sería por la temporada 2021, pero poco importaba, desde sus inicios en la máxima categoría el piloto mexicano había tenido que picar piedra año con año para permanecer en ella y, luego de la mala experiencia con Racing Point, un contrato multianual tampoco significaba mucho por todos los intereses que se manejan en la F1, como lo demostró Lawrence Stroll. Lo importante era que Checo continuaría en la Fórmula 1 y por primera vez en un equipo que podía aspirar al título de pilotos y de constructores. No llegaría como primer piloto, ese lugar estaba reservado para Max Verstappen, pero con su experiencia y talento podría ser la pieza clave para arrebatarle a Hamilton y a Mercedes el campeonato mundial, además de aspirar al podio con más claridad e incluso ganar algún Gran Premio.

«Estoy increíblemente agradecido con Red Bull por darme la oportunidad de correr para un equipo que compite por el campeonato. Es algo que he estado esperando desde que me uní a la Fórmula 1. Pueden estar seguros de que daré toda mi atención la próxima temporada. El equipo tiene la misma mentalidad ganadora que yo, y sé que estoy aquí para actuar y ayudar al equipo a luchar por otro título».

Meses después, el periodista deportivo José Antonio Cortés, de la cadena de televisión ESPN, dio a conocer que Checo Pérez había firmado con Red Bull la noche del último Gran Premio en Abu Dabi. El trato estaba cerrado desde el 13 de diciembre y fue anunciado hasta el día 18 por cuestiones de la escudería. Esa noche el piloto mexicano había comentado que a partir del día siguiente tomaría vacaciones y esperaría la decisión de Red Bull al lado de su familia. Pero al parecer esa noche estuvo muy lejos de ser una velada tranquila y relajada.

La teoría no era descabellada. En las primeras horas del 14 de diciembre, horario de Abu Dabi, Checo subió una fotografía a su cuenta de Instagram en la que aparecía con Sebastian Vettel. «Cambio de cascos con buenos amigos», decía su post. Ambos pilotos aparecían muy sonrientes: Seb con el casco de Checo en las manos y el mexicano con el caso del piloto alemán. La foto demostraba que entre ellos no había ninguna rivalidad fuera de la pista, ni rencores ni nada.

En la imagen con Vettel, Checo aparecía usando una playera gris con un pantalón verde. El 18 de diciembre el piloto mexicano posteó una nueva foto donde salía en medio de Helmut Marko y Christian Horner, de Red Bull, muy sonrientes los tres con un pie que decía: «Después de cerca de 12 años volveremos a trabajar juntos. Gracias, Christian, por esta gran oportunidad. Helmut Marko, estoy muy contento y agradecido por la confianza puesta en mí. Voy a trabajar muy duro para ayudar a este equipo a obtener otro campeonato». Lo curioso del asunto es que Sergio usaba la misma ropa que en la foto con Vettel. Si no firmaron en Abu Dabi y lo hicieron en Europa —cinco días después—, qué gran coincidencia que usara la misma ropa que el 13 de diciembre por la noche.

Meses después, unas semanas antes del inicio de la temporada 2021, le preguntaron si había firmado el 13 de diciembre y su respuesta fue al más puro estilo mexicano: «Puede ser que no me haya bañado o que no haya lavado la ropa, lo dejo a tu imaginación, pero fue por esos días». Si fue antes o después era lo de menos. Red Bull respaldó a su piloto hasta el último Gran Premio y luego tomó su decisión a favor del piloto mexicano con base en sus méritos.

En una entrevista para *Marca Claro*, Carlos Slim Domit, presidente del Consejo de Administración de Grupo Carso, señaló:

«Fue un proceso, ellos siempre plantearon que la decisión la iban a tomar a final de la temporada. Checo tuvo contacto directo con ellos, la parte del piloto caminó en paralelo a la parte de nosotros como patrocinadores. Estuvimos trabajando de la mano con ello, viendo qué opciones y qué oportunidades había y finalmente se pudo concretar. En un equipo como Red Bull, por mucho patrocinio que lleves, si el piloto no tiene la capacidad dando los resultados, no es viable. Checo está ahí por los resultados que tuvo».

Había terminado el drama para Sergio, una larga temporada tocada por la pandemia, por su enfermedad, por la traición y por la incertidumbre hasta el último momento, pero también por el éxito. Corrió para demostrar en la pista lo que le arrebataron en el escritorio: que era un hombre comprometido; llegó al podio, alcanzó la victoria, sintió impotencia y frustración cuando su equipo equivocó las estrategias, luchó contra los Stroll, contra los rumores, contra el tiempo y al final salió por la puerta grande de Racing Point solo para encontrarse con las puertas abiertas de Red Bull. Lo único que no se permitió Checo Pérez a lo largo de 2020 fue rendirse. Su frase «Never Give Up» nunca tuvo más sentido y se materializó con su llegada a la escudería de las bebidas energéticas para la temporada 2021.

«Bakú es una carrera un poco loca»

A veces, en las carreras de la F1 como en la vida hay que estar en el lugar adecuado en el momento adecuado y saber aprovecharlo. En la prueba de clasificación del Gran Premio de Azerbaiyán —que se corrió el 6 de junio del 2021—, la suerte le jugó una mala pasada a Checo: «Fue una vuelta de mierda», expresó molesto luego de haber obtenido la séptima posición en la parrilla de salida cuando el ritmo de su auto estaba para alcanzar la primera línea. Pero el día de la carrera su talento, su concentración y un golpe de suerte a su favor le permitieron obtener su segundo triunfo en la máxima categoría y el primero con su nueva escudería: Red Bull.

Siempre al límite, la victoria de Checo no fue un día de campo, todo se definió a unas vueltas del final. Max Verstappen iba a la cabeza del Gran Premio y Checo lo seguía conteniendo los ataques de Hamilton, que marchaba en tercer lugar. Todo parecía que Red Bull haría el 1-2, pero, a cinco vueltas del final, un neumático de Verstappen sufrió una pinchadura y se estrelló contra una de las barreras de contención. Checo tomó el liderato seguido de Hamilton, la carrera siguió con el *safety car* hasta que las autoridades decidieron suspenderla mientras limpiaban el sitio del accidente. La carrera se reanudaría desde la parrilla de salida para correrse solo dos vueltas con Checo al frente.

Al reiniciar la carrera, Hamilton parecía adelantarse a Checo, pero al llegar a la primera curva se siguió de largo y Checo tomó el liderato hasta el final. «Estoy muy feliz hoy, normalmente Bakú es una carrera un poco loca y lo siento por Max. Merecía ganar hoy». Uno de los mejores memes del Gran Premio de Azerbaiyán fue la repetición del despiste de Hamilton —mientras Checo tomaba el liderato— con el tema «When I See You Again» como fondo musical, que fue utilizado al final de *Rápidos y furiosos 7*, cuando O'Conner y Toretto se despiden, yéndose cada uno por un camino diferente en un homenaje póstumo dedicado a Paul Walker. Para Hamilton, fue una vuelta de mierda.

EPÍLOGO

Al terminar de escribir este libro, la F1 está viviendo una de sus temporadas más competidas y emocionantes de los últimos años. La pelea por el campeonato entre Red Bull y Mercedes ha sido llevada al límite y hacia finales de octubre no hay nada para nadie. La temporada 2021 ha entrado en su recta final: de Estados Unidos a Abu Dabi. Hasta ahora Checo Pérez ha ganado un Gran Premio más y ha subido al podio con Verstappen en dos ocasiones. Su temporada ha sido de claroscuros, pero Red Bull ya lo confirmó para la temporada 2022. El piloto mexicano siempre tuvo razón: nunca hay que rendirse.